## 「比例的推論」についての講義（大野・森本）

5年「割合」などの内容について，模擬授業をしながら，大切にしたいことを伝えた。

比例的推論にかかわる日本のカリキュラムについて，比例を使う子どもたちの姿をもとに，講義した。

## 5年「速さ」の授業（夏坂）

子どもたちは，キツネとタヌキがどこで出会うのかについて考えた。はじめはなんとなく「このあたり」と言っていたのだが，「時間」と「めもり」に着目し，それらを手がかりにして，どこで出会うのかについて，解決することができた。

文章・構成：森本

## FEATURES

# AI時代を生きる子どもたちに算数授業で育てたい力

02　提起文　　　　　　　　　　　　　　　　　　　▶中田寿幸

これからの算数授業に期待すること
04　AI時代を生きる子どもたちに育てたい力　　　　▶中川一史
06　AI時代の算数授業に期待すること　　　　　　　▶奈須正裕
08　「AI時代」が問いかけるもの　　　　　　　　　▶清水美憲
10　「真正な学び」と意味理解を重視する人間臭い学びの追求　▶石井英真
12　2050年を生きる児童・生徒が算数・数学で身に付けたい力　▶小石沢勝之
14　違いを編む力　　　　　　　　　　　　　　　　▶盛山隆雄
16　問題を捉える豊かな「みえ方」と解決へ向かう確かな「心の働き」を
　　育てる　　　　　　　　　　　　　　　　　　　▶大野　桂
18　子ども一人ひとりが問題解決する学び　　　　　▶田中英海

20　座談会　AI時代を生きる子どもたちに算数授業で育てたい力　▶高橋　純

特集2　創刊150号記念　『算数授業研究』再読
26　『算数授業研究』再読その1　[101号～125号]　▶中田寿幸
28　『算数授業研究』再読その2　[126号～149号]　▶盛山隆雄
30　全国算数授業研究会 記録 [第27回～]　　　　　▶大野　桂
32　『算数授業研究』の表紙を語る [101～150号]　▶佐々木達行
36　公開講座記録 [第51回～]　　　　　　　　　　▶夏坂哲志

特集3　欧州算数授業研究会 報告
40　海外にはばたく筑波大学附属小学校算数部　　　▶中田寿幸
41　イギリスでの授業　　　　　　　　　　　　　　▶夏坂哲志
42　デンマークの算数授業研究会　　　　　　　　　▶田中英海
43　デンマークの算数授業研究会　　　　　　　　　▶青山尚司
44　欧州から見た筑附小の算数授業　　　　　　　　▶ Jacob Bahn
46　日本の教育がアジアにどのように貢献しているか　▶礒田正美

## REGULARS

48　放送大・中川一史の算数授業DX最前線　　　　　▶金子真大
50　1人1台の端末を使った授業　　　　　　　　　　▶二宮大樹
52　見て，見て！ My板書　　　　　　　　　　　　▶木村知子
53　おすすめ書籍紹介　　　　　　　　　　　　　　▶小出水公宏／矢野　浩
54　思考力を育むおもしろ問題　　　　　　　　　　▶植松　仁
55　訪ねてみたい算数スポット　　　　　　　　　　▶沼川卓也／中尾祐子
54　初等教育学＜算数科＞授業づくり講座　第13回　▶青山尚司

56　算数を創る子どもと教師　　　　　　　　　　　▶田中英海
58　互恵的に学ぶ集団を育てる学級づくり　　　　　▶青山尚司
60　発展的に考察する力を伸張する算数授業のつくり方　▶森本隆史
62　ビルドアップ型問題解決学習　　　　　　　　　▶大野　桂
64　算数的な感覚を豊かに育てる授業づくり　　　　▶中田寿幸
66　数学的活動を通して学びに向かう力を育てる　　▶盛山隆雄
68　新たな「意味づけ」を創り出す授業　　　　　　▶夏坂哲志
70　算数授業情報　　　　　　　　　　　　　　　　▶田中英海

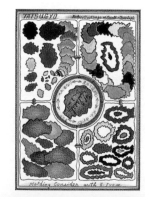

**表紙解説**　「4コマ造形発想／遠近法（大小・重なり遠近）Perspective（large or small・Overlap）」　八洲学園大学 特任教授　佐々木達行
　テーマの表現主題は「遠近法（大小・重なり遠近）」である。平画面で「形」を捉えると大きい形，小さい形と認識できる。一方，視点を変えて立体画面で「形」を捉えると大きい形は近く，小さい形は遠くにあるように見える。また，「形」を重ねて描くと，前後，遠近は形の大小に関わらず決定する。前者を大小遠近（法），後者を重なり遠近（法）という。これらに「色」の彩度の高，低を加えると遠近の認識がさらに変わる。

## ▶ 巻頭言

先日，横浜の海のそばの建物に行く用事があった。以前，同僚の車に乗せてもらっていったことはあるが，今回は電車でいくこととなった。最寄りの駅から徒歩5分で行けると聞いていたので，集合時刻の20分前に駅に着くようにスマホのアプリで電車を調べた。電車での乗り継ぎ回数，時間，電車賃から最適と思われる地下鉄で行くことにした。

最寄りの駅で電車を降り改札を抜けたが，そこからどう進んでいいのかわからない。案内板には有名な建物の名前の表示は出ていたが，目的の建物は出ていなかった。スマホの地図アプリで目的の建物を設定した。目的の建物まで350mで5分で着くとナビが示しているが，右に行けばいいのか，左に行けばいいのかはわからない。他に表示はないかと見回してみると駅の周辺地図を見つけた。駅の南西の方向に目的の建物はある。出口はB6が近いことがわかった。「B6，B6……」とつぶやきながら，辺りを見回すが，出口は見えない。B6だけでない。B5だって，B4だってB6に近づけそうな出口の表示が一切見えないのである。「そうだ，ここは地下鉄の駅。とりあえず外に出ればナビが使える！」とエスカレーターに近づいた。乗り口のすぐ横に，駅ビルの館内案内図を発見。現在地が地下3階であることがわかった。エスカレーターの乗り口に案内の人がいたので聞いてみたが，その人はイベントの案内の人でわからなかった。でも，「外には出られますよ」と教えてくれた。エスカレーターを降りるとインフォメーションがあり，ようやく目的地への行き方を教えてもらうことができた。出口を出ると，観覧車が見え，素敵な景色が広がっていた。

最終的に目的地に着くまでに改札を出てから15分もかかってしまった。でも，この15分は迷いながらも，駅や街の構造を理解し，予定時間内に目的地に到着するという目的も果たせ，楽しい時間となった。目的地に向かう道すがら，10年以上前の海外の街での珍道中を思い出した。街の地図を片手に，片言の英語で街の人に道を尋ね，ようやくついた目的の場所。目的地がどこだったのかはすでに忘れてしまったが，そこに到達するまでの悪戦苦闘の時間と道のりは，今でもよい思い出になっている。

今回の私の小さな問題解決の場面でスマホはほとんど役に立たなかった。それでも，最寄りの駅に行くまではスマホ無しでいくことは考えられない。

アナログ人間である私もAI時代と言われる今を生きるのにデジタルの恩恵をあずかっていることはたくさんある。しかしそのデジタル機器はあくまでも問題解決の1つのツールであり，その使い方は使う人が考え，選択していかなければならない。

算数授業でもデジタル教科書，AIドリルを始め，この先は想像もつかないようなことがデジタルの世界で可能になっていくのだろう。どの道具をどのように使っていくのか。使うのは子どもであり，どう使わせていくかを判断していくのは人である教師である。デジタルに使われる人間にはなりたくないと思う。

150号編集担当　中田寿幸

# AI 時代を生きる子どもたちに算数授業で育てたい力

## 中田寿幸

### 特集1　AI 時代を生きる子どもたちに算数授業で育てたい力

2016（平成28）年12月21日中央教育審議会「幼稚園，小学校，中学校，高等学校及び特別支援学校の学習指導要領等の改善及び必要な方策等について（答申）」には，学習指導要領改訂の時代背景が次のように記されている。

「21世紀の社会は知識基盤社会であり，こうした社会認識は今後も継承されていくものであるが，近年，情報化やグローバル化といった社会的変化が，人間の予測を超えて加速度的に進展するようになってきている。とりわけ第4次産業革命ともいわれる，進化した人工知能がさまざまな判断を行ったり，身近な物の働きがインターネット経由で最適化されたりする時代の到来が，社会や生活を大きく変えていくとの予測がなされている。」

このような AI 時代に生きる子どもたちに算数授業でどのような力をつけていったらいいのだろうか。コロナ禍に1人1台の GIGA パソコンが普及し，授業の中でパソコンを使うのが当たり前のようになっている。桁数の大きな計算は筆算をしなくても，パソコンですぐに答えが出せる。図を正確に描いていくこともパソコンなら短い時間できれいに確実

にできる。グラフの作成も容易である。文章問題の解き方をわかりやすく解説している動画も検索すればたくさん出てくる。プログラミングもネット上ででき，ソフトを使って体験していくことができる。しかし，パソコンを使い，プログラミングを経験すれば AI 時代で生きていく力が育っていくのだろうか。これまでのように筆算の仕組みを学び一人でもできるように練習していく，定規やコンパスを使って作図をしながら図形について考えていく，メモリの幅を考えながらグラフにどう表していったらいいのかを考えていくことなども大切な学習で，子どもに学ぶ力をつけていくことになると思っている。前出の答申には次のように続きが書かれている。

「社会の変化は加速度を増し，複雑で予測困難となってきており，どのような職業や人生を選択するかにかかわらず，全ての子供たちの生き方に影響するものとなっている。このような時代だからこそ，子供たちは，変化を前向きに受け止め，社会や人生を，人間ならではの感性を働かせてより豊かなものにしていくことが期待される。いかに進化した人工知能でも，それが行っているのは与えられた目的の中での処理であるが，人間は，感性を豊かに働かせながら，

どのような未来を創っていくのか，どのように社会や人生をよりよいものにしていくのかという目的を自ら考え出すことができる。このために必要な力を成長の中で育んでいるのが，人間の学習である。子供たち一人一人が，予測できない変化に受け身で対処するのではなく，主体的に向き合って関わり合い，その過程を通して，自らの可能性を発揮し，よりよい社会と幸福な人生の創り手となる力を身に付けられるようにすることが重要である。」

これからは算数の授業でも「感性」を育てていく授業にしていくべきなのだろうか。これまでの授業では「感性」を働かせていなかったのだろうか。そんな疑問がわいてくる。

主体的に問題に関わり，友だちに関わりながら，その過程で身に付けていく力がこれからの時代に生きていく力になっていくだろうなということは感じる。ところが教えなければならない学習内容は学習指導要領の改定前とそれほど変わっておらず，さらにはプログラミング学習なども入ってきて，現場では「時間が足りなくて教え込むところが多く出てしまう」という悲鳴のような声も聞かれる。さらに資質・能力の育成ということで，内容とは別の軸で言語能力，情報活用能力，問題発見・解決能力などを，各学校段階を通じて体系的に育んでいくことも求められている。このような状況の中，算数授業でいったいどのような力を育てていきたいのかの方向が見えにくくなってきているように思う。

本誌は今号をもって150号となる。この区切りの号でこれからの時代の算数授業でつけたい力をはっきり示して，その力をはぐくむことを目標にしながら具体的な授業を進めていけるようにしたいと考えた。

それぞれのお立場から，これから算数授業でどのような力を育てていくことが大事なのか，そのためには算数授業をどのように変えていったらいいのか，あるいは変えずに続けていくとしたらどの部分なのか，これからの算数授業のあるべき姿に期待を込めて論じていただいた。

### 特集2　150号記念『算数授業研究』再読

年6冊ずつ発行してきた本誌が150号を迎えた。区切りの本号では，101号（2015年9月）から150号までを振り返える機会を作った。筑波大学附属小学校図工部OBの佐々木達行先生には50冊の表紙に込めた思いを語っていただいた。毎号1枚ずつ見てきた表紙の絵だが，50冊まとめての解説を読むと，計算された尽くした佐々木先生の考えに関心しきりであった。その他，50冊の再読記録と，「算数授業研究」誌公開講座の記録，全国算数授業研究会の記録もまとめた。101号から150号までの8年あまりの期間の算数教育の進んでいく様子がつかめるページとなったと自負している。

### 特集3　欧州算数授業研究会報告

コロナ禍で海外に出ることができなかった期間が長くあったが，2022年から少しずつ海外へ出ていく機会が戻ってきた。そして，2023年はほぼコロナ前と同様に海外での研究会に参加することができた。その報告と海外の研究会を支えてくださっているヤコブ氏，礒田氏からも原稿をいただいている。

# AI時代を生きる子どもたちに育てたい力

放送大学オンライン教育センター　中川一史

中央教育審議会が2021年に公開した「令和の日本型学校教育の構築を目指して～全ての子供たちの可能性を引き出す，個別最適な学びと，協働的な学びの実現～（答申）【概要】」によると，2020年代を通じて実現すべき「令和の日本型学校教育」の姿として，「個別最適な学び」と「協働的な学び」を一体的に充実し「主体的・対話的で深い学び」の実現に向けた授業改善につなげる，としている（図１）。

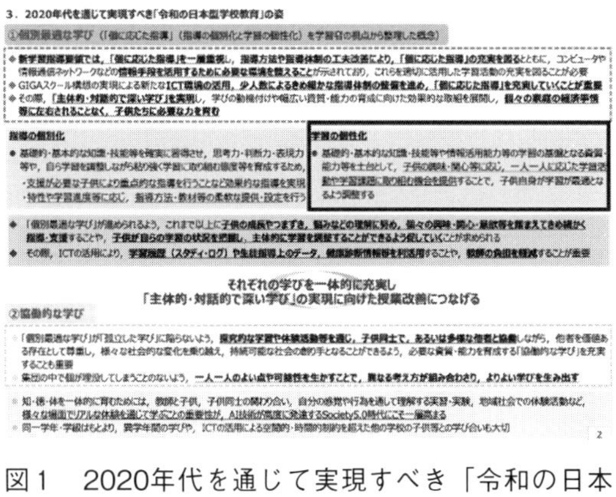
3．2020年代を通じて実現すべき「令和の日本型学校教育」の姿

①個別最適な学び（「個に応じた指導」（指導の個別化と学習の個性化）を学習者の視点から整理した概念）

◆ 新学習指導要領では，「個に応じた指導」を一層重視し，指導方法や指導体制の工夫改善により，「個に応じた指導」の充実を図るとともに，コンピュータや情報通信ネットワークなどの情報手段を活用するために必要な環境を整えることが示されており，これらを適切に活用した学習活動の充実を図ることが必要
◆ GIGAスクール構想の実現による新たなICT環境の活用，少人数によるきめ細かな指導体制の整備を進め，「個に応じた指導」を充実していくことが重要
◆ その際，「主体的・対話的で深い学び」を実現し，学びの動機付けや幅広い資質・能力の育成に向けた効果的な取組を展開し，個々の家庭の経済事情等に左右されることなく，子供たちに必要な力を育む

指導の個別化
● 基礎的・基本的な知識・技能等を確実に習得させ，思考力・判断力・表現力等や，自ら学習を調整しながら粘り強く学習に取り組む態度等を育成するため，
・支援が必要な子供により重点的な指導を行うことなど効果的な指導を実現
・特性や学習進度等に応じ，指導方法・教材等の柔軟な提供・設定を行う

学習の個性化
● 基礎的・基本的な知識・技能等や情報活用能力等の学習の基盤となる資質・能力等を土台として，子供の興味・関心等に応じ，一人一人に応じた学習活動や学習課題に取り組む機会を提供することで，子供自身が学習が最適となるよう調整する

◆ 「個別最適な学び」が進められるよう，これまで以上に子供の成長やつまずき，悩みなどの理解に努め，個々の興味・関心・意欲等を踏まえてきめ細かく指導・支援することや，子供が自らの学習の状況を把握し，主体的に学習を調整することができるよう促していくことが求められる
◆ その際，ICTの活用により，学習履歴（スタディ・ログ）や生徒指導上のデータ，健康診断情報等を利活用することや，教師の負担を軽減することが重要

それぞれの学びを一体的に充実し
「主体的・対話的で深い学び」の実現に向けた授業改善につなげる

②協働的な学び

◇ 「個別最適な学び」が「孤立した学び」に陥らないよう，探究的な学習や体験活動等を通じ，子供同士で，あるいは多様な他者と協働しながら，他者を価値ある存在として尊重し，様々な社会的な変化を乗り越え，持続可能な社会の創り手となることができるよう，必要な資質・能力を育成する「協働的な学び」を充実することも重要
◇ 集団の中で個が埋没してしまうことのないよう，一人一人のよい点や可能性を生かすことで，異なる考え方が組み合わさり，よりよい学びを生み出す

◇ 知・徳・体を一体的に育むためには，教師と子供，子供同士の関わり合い，自分の感覚や行為を通して理解する実習・実験，地域社会での体験活動など，様々な場面でリアルな体験を通じて学ぶことの重要性が，AI技術が高度に発達するSociety5.0時代にこそ一層高まる
◇ 同一学年・学級はもとより，異学年間の学びや，ICTの活用による空間的・時間的制約を超えた他の学校の子供等との学び合いも大切

2

図１　2020年代を通じて実現すべき「令和の日本型学校教育」の姿

筆者が特に着目しているのが，「個別最適な学び」の中の「学習の個性化」である（図の中の実線枠：筆者加筆）。ここでは，「子供自身が学習が最適となるよう調整する」としている。主語は教師ではない。この自己調整する力を，これからの子どもたちにどのようにつけられるのか，教師や学校が問われることになるだろう。

これまでの「教師差配の授業」から「子ども差配の授業」へ。「教え込む授業」から「学び取る授業」へ。この転換がどのように図られるのか，まさにこれからが本番ということになろう。

そして，学習の基盤となる資質・能力として AI 時代を生きる子どもたちに必要なのが情報活用能力である（図２）。情報活用能力は，小学校学習指導要領総則によると，「世の中の様々な事象を情報とその結び付きとして捉え，情報及び情報技術を適切かつ効果的に活用して，問題を発見・解決したり 自分の考えを形成したりしていくために必要な資質・能力」とした上で，「学習活動において必要に応じてコンピュータ等の情報手段を適切に用いて情報を得たり，情報を整理・比較したり，得られた情報をわかりやすく発信・伝達したり，必要に応じて保存・共有したりといったことができる力であり，さらに，このような学習活動を遂行する上で必要となる情報手段の基本的な操作の習得や，プログラミング的思考，情報モラル，情報セキュリティ，統計等に関する資質・能力等も含むもの」としている。

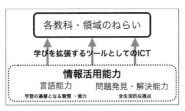

図2　学習の基盤となる資質・能力としての情報活用能力

このように規定されているものの，これからの授業において，生成AIなどの活用の検討も視野に入れる時期に来ている。どのような活用場面で積極的に進め，取り扱いにどのように留意させなければならないのか。まさに，「テクノロジーの恩恵をどこまで受け，子ども自らの情報活用能力を発揮するのか」を教員が問われる時代に突入している。

情報活用能力は，「その時代にあった適切な情報の扱いに対応できる力」と言い換えることもできるであろう。

一方，国のGIGAスクール構想により，全国の学校で児童生徒1人1台端末環境が整った。すでに多くの学校で，「使ってみるフェーズ」から「使い倒すフェーズ」へと移行している。しかし，端末環境がないからと言って授業ができないわけではない。ではなぜ使うのか。筆者は，以下の7つのアクセスのしやすさが活用のポイントだと考える。

【その1：書きやすい・消しやすい】

端末上の画面には，子どもはよく書き込む。いくら消しゴムで消せるからと言っても，紙で消すのとは訳が違う。端末上では，一瞬で消えることにより思考を止めない。

【その2：動かしやすい・試しやすい】

シミュレーションアプリなどを活用して，

たとえば，図形を構成する要素に着目することができる。

【その3：共有しやすい・連動しやすい】

協働ツールを活用することで，互いの意見を確認し合う。もちろん，書き込んだりまとめたりした端末画面を隣の子と見比べながら議論し合うというアナログチックなやり方も可能である。

【その4：大きくしやすい・着目しやすい】

拡大することで，細部まで見ることができる。と言うことは余計な情報を排除して注目すると言うことにもなる。デジタル教科書では，紙の教科書と異なり，その1問だけを拡大してじっくり取り組むことができる。

【その5：繰り返しやすい・確認しやすい】

端末でデジタルドリルなどを，1人1人のペースで進めることができる。また，学習履歴により，教師も子ども自身も状況を把握できる。

【その6：残しやすい・比べやすい】

端末上に保存したり，クラウド上に共有したりして，後で活用することができる。

【その7：説明しやすい・まとめやすい】

自分なりに書き込んだりまとめたりすると，見せるハメ，説明するハメになる。思考のメモでありながら，プレゼン資料にもなり得る。

この7つのしやすさをいかに洗練させていけるか，そこが「なぜ使うのか」の答えとなるだろう。これらICT環境と今まで以上にうまく関わって，算数授業に「子ども自身が判断し」生かしていくことをとても期待している。

# AI 時代の算数授業に
# 期待すること

上智大学 **奈須正裕**

## ❶ AI という言葉の２つの意味合い

AI とは Artificial Intelligence，人工知能のことだが，そこには二つの意味合いがある。

第1は，1950年代に開発され，1年生でも一人一台で持っているコンピュータである。人間の知的機能の一部を機械で実現したもので，膨大な記憶と高速な演算を得意とし，その側面から人間の知的振る舞いをサポートする。1980年代には，複雑な問題解決を行うエキスパートシステムが登場するが，必要な知識はすべて人間が入力する必要があった。

第2は，2010年以降に確立されたディープ・ラーニング技術によって実現された，自ら学び，思考・判断する AI である。もはや人間から教わる必要はなく，インターネット上にあふれるビッグデータから自動的に学び，どんどん成長していく。医療診断，自動運転などが実用化されつつあり，AI 弁護士，AI 秘書も登場して，人間の仕事や生活のあり方を大きく変えることが予想されている。

第2の意味合いの AI もコンピュータの一種だが，自ら学び成長する点において，多機能化された汎用型計算機に過ぎない従来型のコンピュータとは質的に異なる。

## ❷ 自由の獲得と本質への肉薄

人類は常に，自らの機能を機械に代替させてきた。特に産業革命以降，自動織機から産業ロボットへと至る各種の製造機械，蒸気機関，内燃機関，モーターなどの動力装置が次々と発明され，肉体労働の多くが効率化，低価格化され，あるいは機械に置き換わった。

これにより，現代人の体力や筋力は幾分低下しているかもしれない。また，かつての生活では誰でも自然と身に付いたであろう多くの技能も，次々と失われたに違いない。

由々しき事態とも言えるが，これらの技術革新により，人間がさまざまなくびきから解放され，大いなる自由を獲得したことを忘れてはならない。コンピュータの登場により，それが知的機能にも及び始めた。身体機能と同様のことが生じるのは歴史の必然である。

すでにコンピュータは，大人の世界では文房具の一種である。長い文章を手書きする人などいないし，清書という概念も消え失せた。今もやっているのは，学校だけである。

作文の本質は文字を書くことではなく，推敲であろう。ならば，手書きよりもコンピュータの方が有利であり，より多くの子どもが本質的な理解へと素早く着実にたどり着く。

多位数の計算が速く行えることにも，もはや価値はない。一方，筆算の意味や計算原理

の感得は，十進数の概念の本質的理解に資するものであり，これまで以上に深く学ぶことが望まれる。そもそも，ドリルは「習うより慣れろ」，つまり考えない練習を原理とする，人間の機械化を志向した学びにほかならない。むしろ，ドリルを大幅に減らしても，手計算で間違いを生じないような概念的で統合的な学びを深めることが重要になってくる。

もちろん，先に意味理解として学んだことを後にドリルによって自動化することは，メンタル・リソースの節約をもたらし，より集中して深く考える余裕を生み出すので，一定の価値がある。とは言え，現状におけるドリルの多用ぶりは，十分な意味理解が生じていないにもかかわらず，それをドリルによって埋めようとするものであり，不適切である。つまり，単なる手順としてのみ計算技能を身に付けているのだが，それでもテストでは正解でき，「わかっている」ことになる。

多位数の計算の迅速な実行を機械に任せれば，自動化の必要性も低下し，ドリルからの解放が進むだろう。これにより，いっそう数学的な見方・考え方を重視した授業に，時間的な余裕をもって取り組める。

### ❸ 人間を人間として育てる教育

第2の意味合いのAIとどう付き合っていくかは，難問である。

従来型のコンピュータは，膨大な情報の提供や高速な演算などで人間の知的振る舞いをサポートしてきたが，所詮は部分的・要素的な働きに過ぎなかった。それらを使いこなし，

全体としてどのような問題解決や創造を行うかの思考や判断は，すべて人間が握ってきた。それがゆえに，授業では概念的意味理解が大切であり，さらに算数科でいう統合的・発展的に考える力の育成が求められる。

ところが，自ら学び，思考・判断するAI，とりわけ生成AIは，人間が行ってきた問題解決や創造のかなりの部分を，一定の水準で代替してしまう。もちろん，だからこそAIが行っている思考や判断や創造の内実を明晰に理解し，間違いはないか，自らの目的に合致しているかを吟味し，必要な修正をAIに指示したり，出力結果を下書きや要素として使いこなすことで，さらに質の高い，その人ならではの個性的で主体性のある問題解決や創造にする必要があるし，それを可能とする資質・能力の育成が教育には求められる。つまり，AIの進化と普及は，これまで以上に人間を人間として育てる教育を要請している。

と同時に，ここまで機械でできてしまうと，学習内容のすべてに習熟する必要があるのかという不安というか徒労感にも襲われる。原理的な理解が重要度を増す一方，実行の詳細は機械に任せることが多くなっていくだろう。そのような状況を前提とした学びに，果たして子どもは喜びや充実感を感じるだろうか。

一つの活路は，実用を超えた内容それ自体の面白さに依拠した授業だろう。それは，数学本来のあり方に迫るものでもある。すべての子どもがそこに算数を学ぶ意義を見いだせるかどうかという難問が横たわってはいるが，挑戦する価値は大いにあると思う。

# 「AI時代」が問いかけるもの
## —算数の守備範囲をどう定めるか—

筑波大学人間系 **清水美憲**

## ❶ 教室から遠くて近い課題群

2023年は暑い１年で，この特異な気候は，連日ニュースで大きく取り上げられた。例えば，11月には，熊本で観測史上初めて30度を超える気温を５日に記録し，大阪でも観測史上の最高気温27.5度を記録した。都心でも最高気温が100年ぶりに更新されたという。

世界各地で報告される気候変動は，「地球沸騰化」とさえ表現され，人類の将来を左右する喫緊のグローバル課題となって，すでに深刻な状況を生んでいる。「SDGs」の第13目標に「気候変動に具体的な対策を」が掲げられているのも周知の通りである。

コロナ禍，世界各地で起こっている戦争や紛争等，われわれの予想を遥かに超える速さで社会は変貌している。「AI時代」も，このような大きく変貌する社会環境の中で語られていることを忘れてはいけない。いま教室で算数を学ぶ子ども達は，遠いようで実は近いこのような課題に直面するのである。

## ❷ 生成AIは「しれっと嘘をつく」？

GAGAスクール構想の下，子ども達がパソコンやタブレットを手に算数の授業を受けるのが当たり前になった。その一方で，教育界に限らず社会全体に生成AIが浸透してきている。この生成AIの社会に対するインパクトに欧米諸国はいち早く呼応し，ルール作りのための議論が続けられている。結果として，AIとの共存のために，法やモラル，技術，マーケット等の様々な局面で，ユーザーにはAI固有のリスクに関するデジタルリテラシーの向上や，AIの脆弱性の検知に協力し，情報共有することなどが求められる。

我が国では，授業における生成AIの活用について，文部科学省がガイドライン（註１）を公表し，全国に活用のパイロット校を指定して，実践に基づく好事例を蓄積する試みが行われている。

こうして学校現場で生成AIを利用する活動が様々に取り入れられる中，子ども達はAIが「しれっと嘘をつく」経験をする。実際，膨大な量の情報からあらかじめ深層学習によって構築したモデルに基づいて，生成AIが「統計的にそれらしい応答」を返す。その回答には常に誤りが含まれる可能性があり，時には，事実と全く異なる内容や，文脈と無関係な内容などが出力されることもある。

これに対し，数学（算数）の強みは，共有した前提（公理や公準，定義）から論理的推論によって結論を導くことである。アメリカのプラグマティズムの哲学者C.S.パースが，それを「数学は必然的結論を導く科学であ

る」という有名な言葉で端的に表現したことはよく知られている。

生成 AI がリアルとデジタルの両方の空間で，一層大きな影響を与えるこれからの社会において，主張の前提や約束事（公理や定義）を大切にした民主的な議論を可能にする思考やコミュニケーション能力の育成に対し，算数科，数学科の学習が威力を発揮するに違いない。時代を超えて数学が持つ強みに，「AI 時代」には改めて光が当たるはずである。

### ❸ 計算論的思考とその役割

従来から了解されてきた上記のような数学の強みに加え，近年では，新しい思考のあり方にも焦点が当たってきている。

実際，世界28カ国からの研究者の参加の下，2018年に開催した数学教育カリキュラムの改革に関する国際会議では，計算論的思考（Computational Thinking）やアルゴリズム的思考のような新しい考え方が学校数学の教育課程に反映され，改革が進みつつある動向がわかった（註2）。

ICT 全盛の世界で生きていく子どもたちは，デジタルテクノロジーの機能についての理解（例えば，アルゴリズムとは何か，AI とは何かについての理解）を深めるとともに，それらを利用して問題解決する力を身につけることが必要である。すでに海外では，このような資質・能力の基盤として，計算論的思考を明確に位置付けて，カリキュラム改革が進められているのである。

テクノロジーの急速な進化に伴って，学校教育において，従来の3 Rs（読，書，算）に加え，第4のスキルを教育すべきという考え方がある。この第4のスキルが，計算論的思考である。

Computation は「計算」を意味するが，ここでの「Computational」は，より広く計算科学，計算論，データサイエンス等の広領域につながる思考方法や問題解決論，システム論までを包括し，情報処理全般やシステム構築，目的と手段の関係を見極めた問題解決方法を含む形で用いられる。

算数科では，第5学年「正多角形の作図」で，コンピュータに処理を指示する体験を通して，「プログラミング的思考」の育成が目指されている。しかし，算数の学習では，例えば筆算形式の計算を「創る」場面や，関数関係を利用して問題解決を図る場面など，より広く計算論的思考を働かせる場面がある。

「AI 時代」は，冒頭に述べたような課題群を背景に，プログラミングや問題解決のためのシステム作りを含む新しい形式の思考（計算論的思考）が，従来の数学的思考と相まって，子どもたちの資質能力として身についていくことを求めている。

引用・参考文献
註1）文部科学省（2023.7.4）「初等中等教育段階における生成 AI の利用に関する暫定的なガイドライン」．
https://www.mext.go.jp/content/20230710-mxt_shuukyo02-000030823_003.pdf
註2）Y. Shimizu & R. Vithal (eds.) (2023) Mathematics Curriculum Reforms Around the World. Springer.

# 「真正な学び」と意味理解を重視する人間臭い学びの追求

京都大学 **石井英真**

## ❶ AI 時代に問われる力

生成系 AI の ChatGPT が各方面に衝撃を与えている。教育においても，その利活用の可能性や規制の是非などが議論されている。さらに，人間のような自然なやり取りで，さまざまな質問にもっともらしく答え，レポートや物語まで上手に作文できることを目の当たりにして，言葉や知識を人間の教師が教えるといった前提も揺れている。

ChatGPT を使ってみた筆者の最初の感想は，どの分野にもそれなりに強い「スーパー素人」といったものだった。ビッグデータから統計学的に導出される確からしい解は，鵜呑みにしてはいけないし，専門家からみると粗もあるが，無難でバランスよく整っている。一般的な論題について答えさせれば，大学生がまとめるレポートよりもポイントを押さえていてよく整理されている。しかし，上手ではあるけども，味わいや新鮮味には欠ける。

ChatGPT の登場は，情報処理の上手な秘書や助手や弟子を得たようなものであり，それを使いこなす上では，解決したり探究したりしたい問いや創りたいモノのイメージを持つことがまず重要で，それがあれば，計画も情報収集・整理も制作も機械がまるごとやってくれる。さらに，出てきた結果や作品などについて，真偽や妥当性を判断したり，よしあしを味わい批評したりできることも重要となる。つまり，問題解決や価値創造における入口と出口が重要となる。

そこでむしろ大事になるのは，各領域の専門的な概念的知識，それも深く学ばれ感性や直観的判断と結びついたそれであり，わかった気にならず納得を求め掘り下げようとする姿勢である。そして，機械に解くべき課題を具体的に投げかける上では，問題を切り分け相手にわかるように伝えられる論理的な言葉の力が不可欠である。AI をパートナーに問題を解決したりアイデアを形にしたりする基礎経験と使いこなすためのリテラシーは重要である。その上で，腹落ちする言葉など経験と結びついた言葉の力，あるいは体験や経験に根差した知識，そして知性に裏付けられた感性が人間としての付加価値を構成するだろう。

## ❷ 今求められる算数の学力

では，算数科としては，どのような学力を大事にしていけばよいのか。基本的に，教科の学力の質的レベルは，下記の三層で捉えられる。個別の知識・技能の習得状況を問う「知っている・できる」レベルの課題（例：穴埋め問題で「母集団」「標本平均」等の用語を答える）が解けるからといって，概念の意

味理解を問う「わかる」レベルの課題（例：「ある食品会社で製造したお菓子の品質」等の調査場面が示され，全数調査と標本調査のどちらが適当かを判断しその理由を答える）が解けるとは限らない。さらに，「わかる」レベルの課題が解けるからといって，実生活・実社会の文脈での知識・技能の総合的な活用力を問う「使える」レベルの課題（例：広島市の軽自動車台数を推定する調査計画を立てる）が解けるとは限らない。社会の変化の中で学校教育に求められるようになってきているのは，「使える」レベルの学力の育成と「真正の学び（authentic learning）」（学校外や将来の生活で遭遇する本物の，あるいは本物のエッセンスを保持した活動）の保障である。

「使える」レベルの学力を育てる「真正の学び」においては，現実世界を数学の問題としてモデル化したり，数学の問題として解決した解の意味を文脈に即して解釈したり妥当性を判断したりすることが重要であり，先述の問題解決における入口と出口が問われることとなる。また，「真正の学び」としては，現実世界の文脈で数学を使う活動のみならず，数学内文脈で数学を創る活動も含まれ，単に問題を解くのではなく，論証する過程においては，問いと答えの間をつなぐために，手を動かしたり，論理をこねくり回したりする，直線的でアルゴリズム的ではない泥臭い発見的プロセス，すなわち，数学的な概念理解に裏付けられた直観や仮説的推論が求められる。

### ❸ 算数の授業づくりで大事にしたいこと

「使える」レベルの学力の重視は，それの

みを重視するということではない。これまで「わかる」までの二層に限定されがちであった教科の学力観を三層で考えることがポイントなのであって，単元や学期の節目で折に触れて「使える」レベルの思考の機会（学びの舞台）を盛り込みながら，単元というスパンで授業をデザインし，日々の授業では「わかる」授業が展開されることが重要である。

日々の授業で意味理解を深めていくためにも，算数としての教材研究を通した教科内容理解が欠かせない。この間，「○○力」や「○○な学び」が次々と打ち出される中で，指導案で指導観の記述が膨らみ，学習活動の形や手法先行で授業づくりがなされていないか。算数の教科書から，授業の進め方のみならず，問題場面や数値の選択の意味を，そして，そこに込められた，問題が解ければよいで終わらず手続きの意味や概念理解や量感を育てる，学びの深さへの志向性を読み取れているだろうか。真に子ども主体の学びは，子どもを動かす手法で教師が授業をすることによってはもたらされない。子どもと教材，この二つへの理解が深まることなくして，長期的に見て教師としての成長は望めない。教材主語で教材理解，教科内容理解を深めつつ，子ども主語で授業における学びと成長をイメージすることが肝要である。何より，授業に先立つ教材研究や授業過程で教師自身が一人の学び手として材（教材，題材，学習材）と向き合って学んでいてこそ，子どもとともに授業で学び合い，子どもの育ちに気づき，育ちゆく子どもの姿から学ぶことができるのである。

## 2050年を生きる 児童・生徒が 算数・数学で 身に付けたい力

筑波大学附属中学校 **小石沢勝之**

### ❶ はじめに

　国立社会保障・人口問題研究所によると，日本の出生数は1980年は157万人，2000年は119万人，2020年は84万人である。では，2040年と2060年はどうだろうか。比例とみなして約35万人ずつ減少していると考えれば，2040年は49万人，2060年は14万人となる。2070年はどうなってしまうのだろうか。生成AIに質問すれば，同研究所の中位モデル推計が，2040年は約67万人，2060年は約49万人となることを示した上で，なぜそのような推計となるのか，数学的な議論に加えて人口問題に関する政策等の社会的な話題についても教えてくれるだろう。今の生徒たち，これからの生徒たちは，生成AIによって示された指針や行動規範を参考にしながら世界を生きていく。生徒は算数・数学を通して，どのような力を身に付けなければならないのか。生成AIとともに生きる現代では，「人間ならではの強み」を意識する必要がある。多くの

情報が社会に溢れている中，数理的に正しく解釈し，判断することが求められている。その情報を読み取る中で，解決すべき問題を見いだす力，未知の問題や見慣れない課題に対して，数学を駆使して決まりきった手順では解決できない問題を結論に導く力が必要とされている。このような立場で中学校数学の学習過程を考えたとき，小学校算数で身に付けたい考え方や学習の仕方はどのようなものであろうか。小学校と中学校の接続の視点から考えてみたい。

### ❷ 生徒の立場から考える算数・数学の学習過程

　小学校算数は，現行の学習指導要領から内容の再編が図られ，中学校数学との内容の系統性や発展性の接続が明確化し，小学校と中学校の先生方がお互いの指導内容や育成すべき資質・能力を理解することによって，さらに充実した数学的活動を伴う授業が可能になっている。

　ある時，筆者が附属小学校，附属高校の先生方と話をする中で，「変化，関係，傾向を捉えて，きまりをみつけたり，先を予測したりする力」が大切なのではないかと話題になった。不確実な事象を対象にする場合，観点や見方，解釈の仕方によっては結論が変わる可能性があるが，不確実な事象の変化の様子や傾向を多面的な視点からとらえ直し，規則性を見つけたり，先の予測につなげたりする力が必要になるとの認識であった。

　例えば，中学校のデータの活用領域で次のような題材を扱うときがある。

問題：あなたは野球部のコーチです。試合で対戦するのはＡ投手，Ｂ投手を擁するチームで，どちらの投手と対戦しても勝てるように，両投手の特徴を分析してみましょう。

|   | 最高球速 | 最低球速 | 平均球速 |
|---|---|---|---|
| A | 118 km/h | 74 km/h | 101 km/h |
| B | 118 km/h | 74 km/h | 103 km/h |

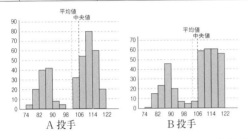

上記の題材は，複数のヒストグラムを比較しながら批判的にデータを読み取ること，代表値のよさと限界を理解することなどが意図されている。実際の授業では，表だけでなく，詳しいデータが欲しいという生徒の声をもとに，両投手のヒストグラムを作成する。二つの山があることから，層別の議論へと進む。球速の速い部分と遅い部分でデータを分けて新たなヒストグラムを作成したり，総投球数を比べて相対度数や累積相対度数で比較したりする。また，球種ごとにヒストグラムをかくのではなく，箱ひげ図を用いることも考えられ，球種ごとに特徴はあるのかといった新たな問いも生まれる可能性がある。

中学校のヒストグラムに関する内容は，小学校算数で扱われている１つのヒストグラムの特徴を読み取る学習を基盤にしている。算数で学習した代表値を中学校がよさと限界まで扱うことで，代表値の意味の質的な高まりをめざしている。他方で，このような学びは教師の講義解説型の授業から生まれるものではない。特に，データの活用領域では，題材によって個人の価値判断を伴う場面が多く，学習の過程では自分と他者の考え方や価値観が一致するとは限らない。むしろ，自分とは異なる立場や意見を持つ他者とともに協力しながら，状況によっては生成ＡＩをも活用しながら問題を解決する機会となる。異なる意見の背景を探りながら，自らと立場を異にしていても，協力して問題を解決していく姿勢が要求される。そのためには他者と議論しながら問題を発見し，関係や理論，解決に必要な枠組みなどを作り上げていく力が必要になる。このような学習過程は，小学校での問題解決学習でも大切にしていることであり，それを基盤にし継続する形で中学校段階の問題解決学習が展開される。

### ❸ おわりに

他者との対話や議論を通じて数学的な考え方の質的な高まりが期待され，問題解決型の授業がコミュニケーション能力を育成する礎になる。問題を自立的・協働的に解決し，解決過程を振り返って概念を形成したり体系化したりするという数学的に問題解決する過程を授業で意識することで，最終的には生徒が自立して問題解決を図れるようになると考えられる。これは，算数・数学固有の「人間ならではの強み」を身に付ける学習過程である。

冒頭の話題も授業の題材になりうる。小中接続は，学習内容だけでなく，学習過程も意識して相互理解を大切にしながら，充実した授業を構成していくことが望まれる。

# 違いを編む力
## —AIを活用し、共に幸せに
## 生きるために—

### 盛山隆雄

## ❶ ＡＩについての理解

　AIを理解するために，一般的に言われているAIの得意なことと苦手なことを整理した。

### 【AIが得意なこと】

① 大量のデータ処理

大量のデータ処理において，人間をはるかに上回るスピードや正確さを発揮できる。

② ルール化された単純作業

AIに作業に関するルールを学習させれば，時間に関係なく確実に遂行することができる。

③ 共通点の抽出

大量のデータから共通点を見つけることができる。例えば画像認識では，特定の特徴をもつ映像を見つけることができる。

④ 過去データに基づく数値予測

大量の統計データを学習すること，リアルタイムで予測を立てることができる。

　AIは，上記のような得意なことを活かして，一般企業においては，労働負担の削減，生産性の向上，顧客満足度の向上といったこ

とを実現している。

### 【AIが苦手なこと】

① 創造性が必要な作業

AIは基本的に過去のデータに基づいて処理を行うため，ゼロから新しく何かを生み出すという創造的な作業は難しい。

② 人の気持ちを汲み取ること

人や動物などの感情を察すること。相手の真意を正しく解釈する行動が苦手である。

③ 少ないデータでの推論

基本的にAIが推論を行うには，過去のデータを分析する必要がある。学習に利用できるデータが少なければ，それに伴い推論の精度も下がる。

④ 合理的でない判断

AIは多くの学習データを分析した上で，最も合理的だと考えられる答えを出すのが特徴。そのため，その場の雰囲気や相手の感情に配慮して，臨機応変に判断を変更する対応は苦手である。

⑤ 目的や課題を示す

AIは，あくまでも人間側の設定した目的や課題を達成するための最適な手段を示すだけで，目的や課題そのものを自ら設定して示すことはできない。

⑥ 入力デバイスの性能を超える作業

AIは，カメラやマイクなどの入力デバイスの性能を超える作業をすることができない。ハード側の性能や周りの環境によってAIができることは限られてくる。

## ❷ ＡＩ時代に算数で育てたい力

「1．AIについての理解」で示したようにAIを理解した上で，これからの算数教育は，AIが苦手な部分の資質・能力を育てる発想ではなく，AIを活かす力を育てるべきと考える。

2023年12月17日の「朝日新聞グローブ」に，欧州連合（EU）が人々の安全や権利を損なわずに，AIの発展や活用を進めるための枠組を考えている記事が掲載された。その枠組みの1つが，世界で初めての包括的な「AI規制法案」であり，この12月に大筋合意とあった。

それは，AIのリスクを4段階に規制する法案である。その4段階とは，次のようなものである。①〈許容できないリスク〉＝禁止，（例）認知をゆがめるサブリミナル技術，②〈ハイリスク〉＝規制，（例）プロファイリングによる犯罪予測，③〈限定的リスク〉＝透明性義務，（例）チャットボットやディープフェイクなどで，AIを使っていることを明示，④〈最小のリスク〉＝義務なし

このような動きは，AIを活かすための新たな価値の創出である。リスクを場合分けして考察する数学的な見方・考え方が働いている。そして，何よりも，AIというある意味新たな「知性」を受け入れ，活かす方向で検討している。

かつてスティーヴン・ホーキング博士やビル・ゲイツ氏などの著名人が「AIは人類に悲劇をもたらす」とその危険性を訴えていたこともあった。しかし最近では，科学者の多くが「そうはならない」と考えはじめた。将来的には人間とコンピュータがそれぞれの違いを編んで仕事を行うようになるのではないかと考えられているのである。

算数の授業で直接AIを活用する場面はまだ想像できないが，自分とは異なる違い（感じ方，見方や考え方等）を編んで新たな見方や考え方，枠組みや視点を生み出す力を育てたいと考える。この時の「編む」の意味は，次のような思考や心的働きのことである。

◆　違いの尊重・受容

　　解釈，理解，共有

◆　違い（個）の分析・検討

　　批判，修正，補完，洗練，類推，演繹，発展，再構成

◆　違い（複数）の分析・検討

　　分類整理，順序づけ，関連づけ，比較，帰納，統合，一般化

また，違いを編むためには，次のような態度が必要である。お互いの気持ちや視点を理解して，お互いの立場に立てること。対等に発言できる，あるいは本音でぶつかれること。みんなが共感できる共通の目的に向かうこと。

本誌の連載において，違いを編んだり，新たな価値を生み出したりする子どもの姿を紹介しているので，参考にしていただきたい。

**【参考文献】**

・TRYETING Inc, 2022,「AIが発展するとどうなる？辿ってきた歴史や将来への影響は？」，（2023年12月18日，https://www.tryeting.jp/column/3156/).
・株式会社 Vieureka, 2023,「AIにも苦手なことがある？AIの得意分野・不得意分野とは？」(2023年12月18日習得，https://www.vieureka.com/)

## 問題を捉える 豊かな「みえ方」と 解決へ向かう確かな 「心の働き」を育てる

### 大野　桂

### ■　発想豊かに問題解決して欲しいが

　発想豊かに問題解決して欲しい。これは，日々子どもと向き合い，算数授業へ臨む，すべての教師の願いだと思う。「数と計算」領域の場面で言えば，計算指導の集大成となる6年「分数÷分数」で，「$\frac{4}{5} \div \frac{2}{3}$の計算の仕方を考えよう」という漠然とした課題提示でも，臆すること無く，「わり算の式と商」に着目し，その「関係」を捉え，そこに「わり算の性質」を用いようという心を働かせ，次に示すような計算をして欲しいと私は願う。

　C　「$\div \frac{4}{5} \div \frac{2}{3}$」の計算の仕方がわからない。だから，割る数の$\frac{2}{3}$を3倍して2に変えて，とりあえず商を求めよう。

$$\frac{4}{5} \div \frac{2}{3} \times 3 = \frac{4}{5} \div 2 = \frac{2}{5}$$

「わる数を3倍する」とは，もとの式より大きな数で割ったということ。だから，商は小さくなり，どのくらい商が小さくなったかというと，わる数を3倍しているから，商の

大きさはもとの式の$\frac{1}{3}$の大きさになる。だから，仮に求めた商である$\frac{2}{5}$を3倍し，もとの式の商に戻せばいい。

$$\frac{2}{5} \times 3 = \frac{6}{5}$$

　しかし現実は，何をしてよいかわからず手が止まる子どもが目の前にいる。

　その原因は，6年間にわたり学んだ「計算の性質」が，計算を進める際の心を働かせる生きた既習として身についていないからだ。

　それは，「計算の性質」が生きた既習として心働くよう，継続的に「計算の性質」を活用する指導に取り組まなかった我々教師の責任に他ならない。

### ■　「計算の性質」を生かす子どもを育む

　「計算の性質」を活用する指導のはじめての場面として，1年の加法・減法の計算の学習で，「概算」を取り入れてはどうだろう。なぜなら，人は「概算」をするとき，きりよくおおよその数を捉えようとする「みえ方」と，それを用いて計算を簡単にしようとする心の働きが自然とおこり，この行為の中に，「たす数が大きくなると，答えも大きくなる」という，たし算の性質を用いた考えが自然と生まれ，発想豊かに計算の仕方が見出されていくことが期待できるからである。

---

課題　18＋9の答えはだいたいいくつ？

　C　だいたい28

　C　9をだいたい10とみて足し算した

```
     18  +   9   =  27
┌────────────┐          ┌──────────┐
│＋10にするた│    ↑    │答えが1   │
│めに＋1する │ ↓  │ −1 │大きくな  │
└────────────┘          │ったから  │
                         │−1する    │
     18  +  10   =  28   └──────────┘
```

　C　たす数を1大きくしたから，だいたいの

答えは1大きい。もとの式の答えに戻すには，その答えを1小さくする必要がある。

このような経験を6年間の計算の学習のそれぞれの場面で経験していれば，6年の計算学習の集大成の場面で，問題を捉える豊かな「みえ方」と解決へ向かう確かな「心の働き」で，発想豊かに問題解決してくれるだろう。

### ■ 「中心と半径」を生かす子どもを育む

「図形」領域でも，集大成の問題として，次の問題に取り組ませてみた。

> 円に接している四角形の角「あ」「い」の大きさをそれぞれ求めましょう。
>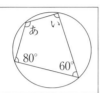

そして，次の解決方法が見出された。

C 円の中心から四角形の頂点を結ぶと，半径が等しいからできた三角形はすべて二等辺三角形になる。

C できた二等辺三角形の1つの角を35°と仮定すれば，二等辺三角形の底角は等しいことから，角の大きさが決まってくる。

C 1つだけ二等辺三角形の角の大きさは決まらない。でも，四角形の内角の和は360°

$360-(35\times2+45\times2+25\times2)=150$

つまり，二等辺三角形の底角の和が150ということだから，底角はそれぞれ75°と分かる。

そうすれば，あ・いは求められる。

あ＝75＋45＝120°，い＝75＋25＝100°

このような，問題を捉える豊かな「みえ方」と解決へ向かう確かな「心の働き」が育まれた要因は，その前段で私は次の円周角の問題に取り組ませていることに起因する。

> 中心角が120°の時，「あ」の角度は何度になるか，求めましょう。
>

この際に，次のように解決した。

C 円の中心から頂点を結ぶと，半径が等しいから合同な二等辺三角形ができる。

C 二等辺三角形の中心角は
$360-120=240°$ → $240\div2=120°$

C 二等辺三角形の底角は等しいから，$180-120=60°$
→$60\div2=30°$

C だから，あ＝30×2＝60°

また，5年「円と正多角形」では，正多角形の内角の大きさを，中心と半径を結んで合同な二等辺三角形をもとにして求めさえる，次の板書に示される学習に取り組ませている。

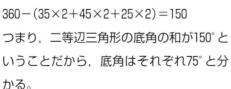

このように，確かな学びの履歴が，問題を捉える豊かな「みえ方」と解決へ向かう確かな「心の働き」を育み，それが人にしかできない豊かな発想を生み出すのだと思う。

そんなことを考えたとき，「子どもに何を教えなければならないか」を再考しなければならないと必要感に迫られている，最近である。

# 子ども一人一人が
# 問題解決する学び

## 田中英海

　従来の問題解決の型に捉われた算数授業から，子どもたちが自ら問題解決に挑戦する姿勢を育むような授業が広がってきているように思える。また，個別最適化というキーワードによって，学び方が多様になってきている。協働，個別を柔軟に組み合わせる必要も感じている。とはいえ算数においては，子どもが問いをもつ，問題発見と問題解決を重視することは今後も大切であるだろう。「算数を通して，―する力をつける」という教科を通して育てたい資質・能力，―にどんなキーワードに入れるのか。協働で算数を学ぶ価値，個別で算数を学ぶ価値を考えてみたい。

### ❶ 協働の学び―受け身から追い抜く主体に

　一斉形態の比較検討では，一方的な発表にならないように子どもの思考や表現をつなげるように意識して努めている先生が多い。受け身で意見を聞いているのではなく，友だちの表現をもとに思考を追体験してほしい。このため，子どもの発言を一度止めて先を予想

させたり，喋らないで黒板に指し表すようなヒントを出させたりする指導技術を使うことがある。最近私は，子どもが図を黒板に書きながら発表している際に一度止めて「●●さんが図でどう説明するか分かったら，追い抜いて自分で書いてごらん」と伝える手法を試している。黒板を写すのではなく，自分で表現する意識を高めるのである。すると，図表現に個性が現れ，表現の違いが生まれる。違いに対して，どうしてそうしたのか聞いてみたくなり，そうする見方や考え方，価値を考える議論が生まれる。

　一斉形態や協働的な学びの中で，友だちの知恵や表現を活かして問題解決する力，自分で考え進める力を育てていきたいのである。

### ❷ 個別の学び―個性を発揮し追究する

　5年「図形の面積」の単元では，まず一斉形態で平行四辺形の面積の求め方を共有した。これまで学習した図形に変形して考えることを価値付け，公式を導くために，どんな形の平行四辺形でも説明できるのか，どの辺を使って面積を求めているのかを注目させた。

　そして，高さの飛び出した平行四辺形や三角形（直角三角形，二等辺三角形，一般三角形）へと少しずつ個別学習の時間を増やしていった。その過程では，知っている形に変えるために，合同や平行に着目していること，辺をできるだけそのままの長さで変形する方

がよいことを共有し，見方・考え方も徐々に豊かになっていった。

　台形では個別学習の時間を多く設けた。Ａさんは台形を三角形２つに分け，それぞれを倍積変形して平行四辺形にし，最終的には等積変形して長方形に変えて考えていた（左ページ）。

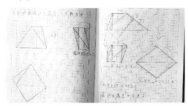

　そして，形の違う台形でも同じ発想で考えられるのかを確かめていた（右ページ）。通常，台形に対角線をひいて三角形２つに分けて考える時，台形の平行な辺の組を底辺として利用する。

　しかし，Ａさんは AD と DC を底辺としていた。DC と平行な直線を B 上に引いて，底辺に垂直な高さを見いだして面積を求めていた。Ａさんの解決をもとに台形の面積を公式化していく際には，対角線の長さや高さを実測するなど困難さが生まれる。一斉形態で比較検討では，教師が意図的に取り上げないと埋もれてしまう考えであろう。とはいえ，形を変えて自分で考え進める姿は粘り強く，感心させられた。一斉形態の比較検討を前提とした短い自力解決では，ここまで考えられなかった。その後，倍積変形で台形の面積を求めて，公式化しようとしていたＢさんとＡ

さんに考えを交流するように促した。Ｂさんは，Ａさんの考えに納得を示した後，倍積する方向や三角形の底辺 BC をもとにする考えを伝えていた。するとＡさんは「そうすれば，どちらの高さも同じになるんだね。高さが同じ長方形になる」と考えの違いから必要な構成要素，底辺に垂直な高さの意味をつかむことができた。

　個別の学びでは，その子なりの方法で考え進める力，子ども同士でその子の追究に寄り添い，深めていく力を育てていきたい。

### ❸ 問い直される教師の役割

　自分で考え進める力を高めるために，協働と個別を行き来させながら，個別の時間を少しずつ増やしていった。どちらの学習形態でも子どもが何を問題としてつかみ，どう思考し表現しているのか，一人一人が問題解決しているのか見取る力が求められている。協働で見方・考え方や学び方を引き出し，個別の問題追究で一人一人がそれらを発揮できるように見取り，評価をもとに単元を柔軟に構成し直すことも必要になってくる。近年，自由進度学習や個別学習が注目されている。しかし，教科書や出された問題を解き進める，発展で問題づくりをするなど学習が形式化され子どもが問題解決をしていない，教師の役割が見えない実践も聞こえる。学習形態の議論を越え，個々の発展を見据えた教材研究，一斉の問題解決，個の見取りや働きかけ，集団のファシリテーションなど，教師も子ども以上に汗をかいて算数を深める研鑽をしていきたい。

# AI時代を生きる子どもたちに算数授業で育てたい力

ゲスト：高橋純（東京学芸大学）
ホスト：筑波大学附属小学校算数部
[司会：中田寿幸，本稿文責：森本隆史]
2023.12.15 筑波大附小算数教室にて

　東京学芸大学教育学部・教授　博士（工学）の高橋純先生に，「AI時代を生きる子どもたちに算数授業で育てたい力」というテーマで，算数部のメンバーが気になっていることをお尋ねしました。

### ──教師が見方・考え方を汎用的に捉える

**中田**：AI時代の子どもたちに育てたい力とは何でしょうか？

**高橋**：子どもたちが，学び続けるための基礎的な力を，しっかりつけていくことが大事になります。それは，いわゆる「見方・考え方」だと思っています。算数の場合は，算数の見方・考え方を育てるということです。

**中田**：教科ごとに，見方・考え方は違いますよね。

**高橋**：言葉で見れば違うのですが，似たところはたくさんあります。大体，どの教科も大切にしているのは，「多面的・多角的」ということですね。そう書いていなくても，「多面的・多角的」と解釈できます。国語や道徳，社会などにも書かれています。教科ごとに大切なことが変わってしまうと，子どもたちにとっては難しくなるので，私は汎用的に考えることが大切だと思います。

　算数では，例えば面積で「知っている形に直す」といったことが，習った際と別の場面でも，自然と活用できることが重要と考えています。私の関わっている学校は，最初の段階から，自分の知っている形に直してから，たし算やひき算をすればよいということを考えて，徹底的に指導するようにお願いしています。だから，体積の学習が出てきても，知っている形に直してから，計算をすればよいというふうになります。図形の特徴をみるときにも，辺と角，頂点をみて考えるということを毎回するので，どんな図形が新たに出てきても，適切に見いだすことができています。

　そういうふうに，基礎的に学び続けるためにも，読み取る力や見る力が，非常に大事になってきます。

**夏坂**：「知っている形に直す」ということを徹底的に指導するとおっしゃっていましたが，そのイメージをお聞きしたいです。

**高橋**：子どもたちには，単に教えるだけではできるようになりません。今は教室の中に，コンピュータがあります。コンピュータのおかげで，他の子どもたちの考えが，自らのタイミングでいつでも参照できます。教室の中にたくさんの「足場」があることになります。問題を解決するときに，その「足場」があると，解決できるケースが増えてきています。

似たような考えや異なった考えに，自ら数多く触れられます。自分の考えの輪郭が徐々に明確になり，立体的になっていきます。これはクラウドでないと実現できません。

### ──コンピュータはクラウド時代に

**夏坂**：どうしてクラウドでないと高橋先生の考えられている授業はできないのですか？

**高橋**：クラウドですと，個々の子どもの判断で，他者の考えに，ストレスなく数多く触れることが出来ます。一方，従来のファイルの共有では，情報共有のスピードが遅く，途中の作業状況の参照も難しいです。これでは，いくら新しい授業づくりの努力をしてもうまくいくことはないと思っています。そもそも，コンピュータの仕組みが変わったと理解する事が重要です。

情報共有といえば，ファイル共有が基本と思っている方は多いでしょう。フォルダに整理することが重要と考え，子どもの課題をフォルダに提出させたりすることに時間をかけます。90年代のパソコンの使い方ですね。これを第一世代と名付けましょう。2000年代に，タブレットやスマホなどが誕生しました。スマホでは，ファイル共有やフォルダへの整理

はあまりしません。これを第二世代と名付けましょう。そして，2010年代に，クラウド技術を前提としたコンピュータが生まれました。これを第三世代と名付けましょう。

インターネットを見据えた第一世代，モバイルコンピューティングを見据えた第二世代，クラウドコンピューティングを見据えた第三世代と進化しています。それぞれ基本的な発想が異なっています。ただし，互換性がありますので，第三世代でも第一世代のようにも活用できます。しかし，新しい世代に基づいた活用法が重要になります。

授業の中で，ハイスピードで，だれが何をしているのか，教師は見ることができますし，子どもたちも友だちの書いていることをすぐに見ることができるようになりました。そのあたりのスピードが，第一世代と第三世代では違うということです。

### ──クラウドのスピード感で授業が変わる

**高橋**：教師は「ああ，あの子，困っているな」とか「よし，あの子はできているな」とかが，かなりのスピードで把握することができます。子どもたちも，友だちの考えをたくさん見ることができるので，教師が授業を練り上げていかなくても，子ども同士が友だちの考えを見て進んでいくということが，できているということです。今，そのようなことが現場では起こっているのです。

**夏坂**：先ほどの面積の話で，なかなか問題を解決できない子どもがいたとしても，リアルタイムで友だちの情報を見ることができるの

で「これ使えそうだな」と，友だちの発想を見ることがかなりのスピードでできるということですね。それが高橋先生が言われている「足場」ということですか。

**高橋**：そういうことです。今までは，教師がいろいろとやっていたのですが，子どもにとってみれば，子ども同士の言葉の方が伝わりやすいということもありますよね。子どもたちはいつでも，友だちの考えを見ることができるようになるので，これまでの授業の仕方とはまったく変わってきています。

**夏坂**：知っている形に直すということを，徹底的に教えるとおっしゃっていたのですが，教えるのか，伝えるのか，気づかせるのか。そのタイミングは，どのようなタイミングになるのでしょうか。

**高橋**：いろいろとあるのでしょうが，私はそういうことは決めないというルールで，それぞれの先生でやっていただいています。どこで教えるのかということも，先生方に考えてほしいからです。見方・考え方のように，答えが一つではないものを教えるときに，教え方のルールを決めてしまうのは，難しいことだと思っています。どうしてかというと，若い先生もいれば，ベテランの先生もいます。それから，見方・考え方といわれても，よくわからないという先生も大勢いらっしゃるからです。だから，先生自身が見方・考え方を理解したときに，ご自身の言葉でしっかりと教えてほしいと思っているのです。

**青山**：そうなのですね。私は，面積の話も「こういう見方をしたら，いいことがあった

から，次もそういう見方をしてみよう」と，子どもたちに感じてほしいです。そういう思いをもって授業をしているのですが，お話をお聞きしていると，言い方は失礼なのですが「教えて，使わせる」という使役みたいな印象を受けてしまいます。

**高橋**：実際にはそんなことはないですよ。そのように教え込んでいたら，他の単元や他教科で子どもが使えるようにはならないと思っています。もちろん，自分で気づくことができる子どももいれば，言わなければ気づかない子どももいます。ただ，まずは先生が見方・考え方についてわからなければいけないのです。算数を学んでいる先生方はわかると思いますが，そうでない先生方にはなかなか厳しい場合もあります。私が話しても伝わらない場合もあります。先生が理解した場合は，子どもたちにも追体験をさせることができます。私は，実際に授業をすることができないので，しっかりと指導しましょうということは先生方にも伝えているところです。

**夏坂**：面積の話でいうと「知っている形に直す」ということは，教科書の指導書にも書いてあることなので，その見方・考え方は多くの先生方が今でも意識されていると思うです。

**高橋**：でも，体験的な理解かどうか。だから，先生方が，自分ができていないところはどういうところなのかと，気づいてほしいんです。そこが一番の課題だと思っています。

**夏坂**：そこをどうやって気づかせていくのかということが，我々の知りたいところです。

**高橋**：それは人によって違うと思います。単

に九九を覚えさせるみたいな話だと可能だと思うのですが，高次の資質・能力に関しては，人によって当然学び方も違いますし，教え方も違うと，私は思っています。だから，私がせいぜいできることは，ごく基本的なことに絞りたいということです。私は，ごく基本的な見方・考え方と，その発展させ方を説明します。多面的な見方をしたときに「あっ，面積の求め方はいろいろな面から見たときに，こういう解き方があるよね」と，先生方に気づいて，発見してもらうという感じです。

**森本**：高橋先生のおっしゃることはわかってきました。パソコンがない時代でも教材研究をしていた先生はたくさんいたと思いますが。パソコンを使うと，これまでの授業と何がどのように変わってくるのでしょうか。

## ──「練り上げ禁止」の授業スタイル

**高橋**：まず，私がイメージしているのは「練り上げ禁止」です。つまり，先生が説明をして，先生の指示で一斉に端末を使い始めて，先生の指示で協働し，先生の指示で発表していくという授業スタイル，これは一斉指導で扱える情報量が少ない時代の方法でした。

では，これを止めたときにどういう授業の

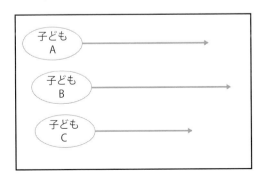

形になるかというと，それぞれのペースで勉強していくという「複線の形」になります。

**森本**：子どもが学んでいくきっかけは先生がつくっていきますか。

**高橋**：それも固定ではないので「課題を明確に提示する」場合も，「何もいらない」という場合もあります。ただ，基本的には，問題解決場面では子どもたちが自分で学んでいくというのが授業の90％です。私は，先生方にいわゆるドリルのような課題や，ワークシートの穴埋めのような問題はやめましょうと言っています。その手の学力は，いずれ AI ドリルで十分ですから。

**森本**：授業中に，子どもが困ったときには，自分で他の子どもたちから情報を得るように動くということですか。

**高橋**：そういうことです。最初にやるのは白紙の状態で共有する「白紙共有」です。これで一人ひとりがしていることが，見える状態になります。そして，次に「他者参照」ということをします。

## ──「他者参照」で共有したいもの

**高橋**：私たちは「他者参照」と言っているのですが，友だちの情報をいつでも自分の好きなタイミングで参照できるようにしています。つまずいたら，自分で友だちの情報を見ることができる。「あの人の書いていることを見てもわからない」と感じたときには，自分で立ち歩いて直接聞きに行ってもいいですし，先生もそれを見ているという状態です。だから適切なタイミングで適切に指導に入るとい

うこともできます。

**森本**：他者参照のとき，子どもたちの名前はオープンにされているのですか。

**高橋**：されています。Google だと，どの友だちが今，自分のレポートのどこを見ているのかということもわかるソフトもあります。

**田中**：私は別のアプリを使っています。5年生と「図形の面積」の学習をしたときに「形を変える」とか「合同な図形を作る」といった見方・考え方を共有してから，単元の後半から完全に個別学習にしました。そうすると，子どもたちが学んでいる内容がバラバラになっていきます。子どもたちは自分なりに発展させていきました。このときも子どもたちは，他者参照をしていました。

**高橋**：そのときの他者参照は，フォルダに保存しないと見られないのですか。

**田中**：一度，ダウンロードした後にアップロードしないと見られません。

**高橋**：そこが決定的に違うんですよ。クラウドの場合は，基本的に「ファイル共有」という概念がないんです。我々がしたいのは，ファイルの共有ではないのです。ファイルの共有ではなく，データの共有です。もっと言えば，活動の共有をしたいんですよ。ファイルに保存するという時点で，もう活動が止まる感じがするのです。2010年以降のテクノロジーとして，クラウドがあるのに，ファイルの発想に支配された活用をしてしまう。いつでも権限があれば，人のものが見られるということが授業の中では大きいはずです。

　そういう世界感に慣れてくると，ものの考え方が変わってきます。ということは，教え方も変わってくるということです。

**田中**：確かにデジタルスクールノートはそのあたりの難しさはあるなとは思います。それは置いておいたとして，ICT が入って友だちの考えが見られるようになって，複線化していくと，子どもによって進み具合がかなり変わってきます。自分が子どもたちに個別学習をさせたとき，課題として感じるのは，結局本質をつかまずに進んでしまっている子どもが出てしまったということです。それから，ある子どもが学んでいることと，他の子どもが学んでいることがバラバラになってしまう。教師が広げたいと思っても広がりにくいし，共有されにくいというジレンマがあります。「これからの学びは，複線型で終わっていいんだ」と言われれば，そうなのかもしれないのですが，複線になっている中でも，練り上がっていくということができればいいなと思っています。

**青山**：今日の算数の時間に出した問題を，今も各家庭で PC を通して自分のペースで考え，発信している子がいます。それを見ると，学校で出てこなかった見方・考え方が PC 上にたくさん出てきています。それらを授業の中

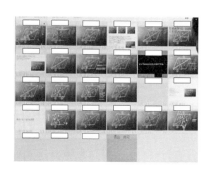

ですべて扱うことはできないのですが，子どもたちは，PC上にある自分に必要な考え方を取り入れようとしています。

多様な考えや表現がたくさん出てくると，みんなで共有することが難しいのですが，子どもたちをストップさせずにそれぞれがPC上で共有し，自己を更新させていくよさも，やってみてわかる気がしてきました。

**高橋**：そうですね。量が大事だと思います。いろいろな人の考えに触れていくことで，子どもたちの考えが質の高いものに少しずつ変化していることを，私は感じています。

「ここは違うけど，ここは私と一緒」ということを大量にやっていくと，頭が変わってくると思います。

## ──複線型の授業をするときのポイント

**高橋**：複線型の授業をするときのポイントは4つあると思っています。

- ・資質・能力の質の向上
- ・学習法，指導法の変化
- ・デジタル時代の学び方
- ・校務や研修の質の向上

特に，下の2つは大切です。体感的に理解できるかが重要となります。教師一人一人のアイデアが，チャットなどを通して，校内でこだまし始めると授業の仕方も変わってくると思います。逆に，教師がこのようなことができないうちは，授業も変わっていかないということを感じています。

また，クラウド的感覚が大事で，みんなの知恵がクラウドに結集するという感覚がある

といいです。我々が共有したいのはデータではなく，活動です。活動の共有ができるようになれば，子どもたちの状況が手に取るようにわかるようになり，授業が変わっていきます。話題の生成AIもクラウド上で稼働しています。こうしたクラウド的感覚の理解が，前提として重要ではないでしょうか。

**田中**：今まで話していたのは主に「共有」と「表現」についてだと思うのですが，ICTの違う使い方もあれば教えてください。

## ──教科書レベルはAIドリルで

**高橋**：基本的な知識・技能の習得に関しては，差がついてはいけないと思っています。近い将来，AIドリルの力を借りて，教科書の記述レベルの学習内容は身につけていくものと思っています。実際にAIドリルも優れたものがどんどん出てきています。正誤が明確な学習内容は，コンピュータの大好物ですし，自分のペースで，必要な分だけ繰り返せます。そのうえで問題解決活動を通した高次な資質・能力の育成を行います。

また，最近ふと「テストって必要あるのかな？」と思うことがあります。アプリを使っていると，自分がどのくらいがんばったのかがわかります。つまり，努力の量がわかるのです。さらに，習得状況も分かりますので，テストも不要になるかもしれませんね。

高橋先生のお話を伺うことで，これからの授業の在り方を改めて考えることができました。ご多用の中，ありがとうございました。

**No. 101** >>> **No. 125**

平成27年
11月刊行

令和元年
10月刊行

# 学習指導要領改訂・
# 完全実施に向けて
# の提案

**学習指導要領の改訂のキーワード**

「算数授業研究」100号記念特別増刊号は2015年7月に発行された。今回私が再読したのはその次の101号からリニューアル前の124号までである。

まず目を引くのが現行の学習指導要領で示されている「主体的・対話的で深い学び」についての特集である。8年前から話題にしてきながら，今でも多くの学校の校内研究会で研究主題に上げられている言葉である。

2015年8月に中央教育審議会教育課程企画特別部会「論点整理」が出され，学習指導要領が改定されたのが2017年3月。そこから2020年の完全実施前までの時期のことである。学校現場にとっては，実践の裏付けが臨まれていたときであった。

102号　アクティブ・ラーニングを妨げるもの

107号　「深い学び」のある授業　その具体像を探る

123号　対話のある算数授業をどうつくるか

大きなものだけでなく，新しく改訂された学習指導要領のキーワードについて，筑波大学附属小学校算数部の実践を通した提案をしていこうという特集も組んできた。

110号　「振り返り」をどうするか

111号　「日常生活に生かす」算数授業とは

113号　数学的活動がまるわかり！

**筑波大学附属小学校の研究「きめる」学び**

授業づくりについては筑波大学附属小学校の研究「『きめる』学び」（2015年から2019年）の成果を元に特集としてきた号もある。

105号　「きめる」をキーワードにしたときに，算数の授業づくりはどう変わっていくか

111号　第2特集「きめる」を意識した授業とそこで育つ力

117号　第2特集「きめる」を意識した授業とそこで育つ「算数の考え」

119号　子どもが考え直す機会を保障する算数授業

夏坂哲志研究企画部長が中心となり，情報ICT活動山本良和，算数中田寿幸が企画部に入り進めてきた。全教科での「きめる」学びについてまとめた1冊がある。参考にしていただけるとありがたい。

『きめる』学び　「知的にたくましい子ども」を育てる授業づくり　筑波大学附属小学校著（図書文化，2019）

**日々の授業に活かせる授業アイデア**

学習指導要領のキーワード，筑波大学附属小学校の研究という高い視点からの特集だけでなく，日々の授業に活かせる，若い先生にもすぐに役立つ，そんな算数授業も大いに紹

26

介したいと特集を組んでいる。

101号　算数好きを増やすこだわりのピカイチ
　　授業アイデア55

104号　算数に向かう心を育てる年度初めの授
　　業づくり

108号　参観日や案数授業おさめにおすすめの
　　「トピック教材」

122号　自然に力がつく算数のゲーム・遊び・
　　常時活動

　中田個人も，このような小さな実践，気張らずにできる実践，子どもの笑顔が予想できる実践を日々していくことを楽しみとしている。若いころはどう授業を盛り上げていこうかと考えていた。そして，実はそれはベテランと呼ばれる今も大事にしたいことでもある。子どもが「算数が楽しい」と思える授業を実践していくことを通してその裏にある理論や教材観を理解し，自分なりの指導観がつくられていくのである。

## 指導技術・指導法を学ぶ特集

　1つの授業で算数が好きになる子どももいる。楽しい授業のアイデアはいくつあってもいいものである。そんな楽しい授業をしていくためにも，指導技術や指導法についても意識して学んでいく必要がある。

116号　算数授業づくりの全技術

117号　文章題の指導　私はこうしている

120号　なぜ算数授業がうまくいかないのか？
　　だから授業をこう変える！

　授業の中で子どもの考えを引き出し，認めていくためにも教材研究を含めた指導技術・指導法にスポットを当てた特集である。

## 算数授業の理論的背景を学ぶ論究

103号【論究Ⅷ】算数の指導で大事にしたい
　　「1」の価値

106号【論究Ⅸ】「図形」を究める

109号【論究Ⅹ】今，育てたい資質・能力とは
　　何か

112号【論究Ⅺ】「統計」を究める

115号【論究Ⅻ】今，育てたい「数学的な見
　　方・考え方」

118号【論究⑬】算数で育てる子どもの表現力

121号【論究⑭】算数と「活動」

124号【論究⑮】「統合的・発展的に考える力」
　　を育む

　算数の内容としては「1」を取り上げた。子どもたちが1番簡単な数と思っている「1」。これが学年が進むにつれて，基準を表す1になり，その基準の「1」も顕在化されるものもあれば潜在化している「1」もある。一番簡単であり，一番難しい数が「1」なのである。

　領域としては「図形」と「統計」を取り上げた。現行の学習指導要領で重視されている「統計」は「算数授業研究」誌の中で扱われることの少ない領域であった。

　学習指導要領のキーワードでもあるが，以前から算数教育界で大事にされてきていた「数学的な見方・考え方」「統合的・発展的に考える力」も取り上げている。

　「表現力」については田中博史が，「活動」については正木孝昌が何十年も前から取り組んできた課題であり，現在も算数部で大事にしてきていることである。

No.
126

>>>

No.
149

令和元年
12月刊行

令和5年
10月刊行

# 特集テーマへの想い

## 1 時代に対応する「算数授業研究」誌

128号（2020.5）の特集テーマは「深い学びにつながる子どもの『問い』」であった。2020年から完全実施になる新しい学習指導要領のキーワード「深い学び」に対応している。このとき，「深い学び」以上に「問い」を主体にした点が本誌らしい。深い学びをするのは子どもであり，深い学びにたどりつくには，必ず「問い」が不可欠であることを主張した。

129号（2020.7）の特集テーマは，「授業スタンダードは子どもの資質・能力を育てることができるのか」であった。その当時，授業スタンダードという言葉をよく聞いた。2020年の2月に行われた学習公開・初等教育研修会の算数分科会のシンポジウムで，大阪工業大学の澤田俊也先生は，2018年に行った質問紙調査で34.3％の自治体で独自に授業スタンダードを作成していることを報告された。

その理由は，2つあった。1つは，全国学力・学習状況調査の結果改善のため。もう1つは，ベテラン教師の大量退職と若手教師の増加のため。理由の中に子どもは不在であった。

それから，131号と132号は，新型コロナウイルスの感染症拡大により，全国の学校が対応に追われているときに刊行した。131号（2020.11）の特集テーマは「今，算数の授業が危ない！オンライン授業の落とし穴」，132号（2021.1）の特集テーマは「コロナ禍で見えてきた『算数授業づくり』の考え20」であった。改めてグラビアページを見て，フェイスシールドを付けて授業をしたり，オンライン等で必死に対応していたりした頃を思い出した。異なる条件で算数授業をつくることで，算数授業の本質を考えることができた。

136号（2021.8）の特集テーマは「資質・能力ベイスの『既習を活かす子ども』」であった。新しい学習指導要領の教育課程は，資質・能力ベイスという理念のもとで編成されていること受け，論説を重視した論究誌で取り上げたテーマである。

「資質・能力」論の立場に立つと，「内容」に基づいて固定的に捉えられがちな「既習」の意味は変わる。数学的な見方・考え方を方法知の「既習」として位置づけることになると考えられた。

140号（2022.4）は「なぜ今，個別最適な学びなのか－個を大切にした授業とは？－」，142号（2022.8）は「協働的な学びを支える聞く力－聞く力で育てる思考力－」という特集テーマであった。身につけさせたい資質・

能力を，「個別最適な学び」と「協働的な学び」で育成することが提言されたことを受けての特集テーマである。

本誌は，時代の波に対応してキーワードを扱うものの，無条件に肯定するような扱いはしない。教室現場で奮闘する授業者の立場に立って，新たな視点を加えて考察したり，その意味や意義を問い直したりする。時には，批判的に捉えることも辞さない。本誌の趣旨は，子どものための算数授業の発展であるから，このスタンスは大切なことと考えている。

教育界のキーワードを取り上げた特集テーマを概観したが，例えば「授業スタンダード」という言葉は3年経った今，ほとんど聞かなくなった。数年経っても残る言葉こそ，算数教育の本質に値するものだろう。本誌の特集テーマをそのような視点でみるのも面白いと思う。

### 2 いつも近くに置いている特集テーマ

個人的によく見直すのは，130号（2020.9）である。特集テーマは「子どもの『つまずき』の価値」。　問題解決を軸に展開する算数授業では，子どもの「つまずき」とどうお付き合いし，どのように指導するかは，大きな課題である。

その特集は，「つまずき」とは何か，から始まる。「つまずき」を治療と診断の対象と見ると，「つまずき」は再発防止を目指して治療するよくないものという位置づけになる。

一方で，藤井氏は，「『つまずき』は子どもの思考の発露」として，その価値を述べられた。構成主義の立場からすると，「つまずき」は，学習者が本来もっている素朴な概念や方法の捉え方が現れた自然なものという見方がある。それを「ミスコンセプション」と言う。学習者が新しい事柄を認識する場合，常に自分の知識内で整合性がとれるように認識し，その認識は外から見ると誤っていることもある。「つまずき」をそう見ると，「つまずき」は学習者の素直さの現れとなり，学習に活かせるものになるのだ。

私は，個人的にこの見方を自分の授業の根底に据えている。それ以来，ゆとりをもって子どもと対峙できるようになった。

もう1つ，145号（2023.3）もよく見直す。特集テーマは「『計算指導』に強くなる」である。

計算指導は，指導内容が多く費やす時間も多い。そして，子どもたちだけでなく親御さんも，算数の主な内容と思っている。だからこそ，計算指導で子どもたちに算数とは何かを伝えたい。145号では，加減乗除の本質を学ぶことができ，計算の仕方や計算の性質，計算のきまりなど，徹底的に計算指導について深く学ぶことができる。145号は，いつもそばにおいておきたい一冊である。

### 3 リニューアルした表紙

本誌は，140号から表紙をリニューアルし，特集テーマが縦書きで示されることになった。本誌のシンボルである佐々木達行先生の表紙の絵は変わらない。個人的には，この表紙のデザインは，どんな教育誌よりも素敵だと自負している。

## 全国算数授業研究会
### これまでの歩み

**新学習指導要領　算数授業を私はこう変える**
〜たくましき授業人からの提案〜

授業①　盛山隆雄（3年）
授業②　「新内容」の授業3本同時公開
ワークショップ　「深い学びを私はこう実現する」
模擬授業対決
授業③　河内麻衣子（5年）
授業④　山本良和（4年）
企画本講座
授業⑤　田中博史（6年）
講　演　夏坂哲志
　　　　「学びを変えるために
　　　　　教師がすべきこと」

---

### 第27回　平成27年8月9日・10日

**子どもの学力差に向き合う算数授業**

授業①　前田一誠（4年）
基調提案　柳瀬泰
ワークショップ
授業②　予選会で選ばれし精鋭4名の授業者
講　演　尾崎正彦
授業③　田中博史（1年）
シンポジウム　手島勝朗／正木孝昌／坪田耕三
　　　　　　　守屋義彦／細水保宏
授業④　盛山隆雄（5年）
講　演　山本良和

| 冬季大会 第18回 | 全国算数授業研究会in火の国熊本大会 みんな輝く！学び合い 算数授業の創り方・進め方 | 平成27年12月24日 |

---

| 冬季大会 第20回 | 全国算数授業研究会ISHIN山口大会in下関 聴きたい伝えたい考えたい 深い学びのある算数授業 | 平成29年12月26日 下関市立一宮小学校 |

---

### 第28回　平成28年8月9日・10日

**子どもがアクティブになる瞬間・時間（とき）**

基調提案　山本良和
授業①　中田寿幸（3年）
授業②　尾崎正彦／江橋直治／加固希支男
ワークショップ・ポスターセッション
授業③　8本の指導案から選出された2名の
　　　　授業者
シンポジウム　柳瀬泰／宮本博規／毛利元一
　　　　　　　小松信哉
授業④　大野桂（1年）
講　座
授業⑤　夏坂哲志（5年）
講　演　田中博史

| 冬季大会 第19回 | 全国算数授業研究会 夢・志in高知大会 子どもが動き出す 算数授業 | 平成28年12月24日 高知市立神田小学校 |

---

### 第30回　平成30年8月8日・9日・10日

**『子どもが本来もっている力』に向き合って，授業を変える**

基調提案　柳瀬泰
授業①　佐藤純一（2年）
授業②　指導案から選出された3名の授業者
企画本講座　「算数の活動」「算数の活用」
シンポジウム　黒澤俊二／手島勝朗／正木孝昌
　　　　　　　守屋義彦／細水保宏
授業③　大野桂（3年）
授業④　江橋直治／岡田紘子／中村光晴
ワークショップ・お悩み相談会
授業⑤　夏坂哲志（6年）
講　演　田中博史
　　　　「授業研が挑んだ
　　　　　授業改革30年の足跡」

| 冬季大会 第21回 | 全国算数授業研究会　沖縄大会in豊見城 問いが生まれ 学びが 広がり 深まる算数授業 | 平成30年12月26日 豊見城市立とよみ小学校 |

## 第31回　令和元年8月4日・5日・6日

### 教師の言語活動を問う
#### ～子どもと教師の言葉で編む算数授業～

基調提案　夏坂哲志

授業①　森本隆史（3年）

ワークショップ

授業②　指導案から選出された3名の授業者

授業③　永田美奈子（5年）

シンポジウム　佐藤純一／大野桂／岡田紘子
　　　　　　　尾崎正彦

授業④　平川賢／加固希支男／中村佑

授業⑤　盛山隆雄（5年）

講　演　山本良和
　　　　「教師の言語活動を支える
　　　　算数授業観」

---

| 冬季大会 第22回 | 全国算数授業研究会　和歌山大会 | |
| --- | --- | --- |
| | 愉しくて，もっと考えたくなる算数授業 | 令和元年12月26日　和歌山大学教育学部附属小学校 |

## 第32回　令和4年1月9日

### 子どもの数学的な見方・考え方が働く授業
#### ―どんな見方・考え方を，どのように引き出すか―
#### コロナでも学びを止めない，2年ぶりにオンライン開催!!

基調提案　佐藤純一

学年別 見方・考え方講座（6学年×3講座）

フリーテーマ対談型講座（13講座）

見方・考え方ワークショップ（10講座）

授業ビデオ公開＆協議会　山田剛史（3年）

シンポジウム

「子どもの数学的な見方・考え方が働く授業」

盛山隆雄／山本良和／尾﨑正彦／永田美奈子

---

## 第33回　令和4年8月9日

### 今こそ問う，個を大切にする授業とは
#### コロナに負けるな，対面・オンライン併用開催!!

基調提案＆シンポジウム
　　　　　　盛山隆雄／平川賢／河内麻衣子

授業ビデオ公開＆協議会①　青山尚司（5年）

ワークショップ（14講座）

Q＆A講座（12講座）

授業ビデオ公開＆協議会②　尾崎正彦（2年）

---

| 冬季大会 第23回 | 全国算数授業研究会　広島大会 | |
| --- | --- | --- |
| | 見つめ直す「わたし」の算数授業 | 令和5年1月21日　三原市立南小学校 |

## 第34回　令和5年8月5日・6日

### 自立的な学び手に育つ授業の条件
#### ―協働的な学びの価値を問い直す―
#### 4年ぶり対面授業全面再開!!

基調提案　大野桂

シンポジウム

「協働的な学びの価値を問い直す」

　青山尚司／桑原麻里／中村潤一郎

授業選手権　授業②でみたい授業の決定

授業②　西村裕太／田中英海／尾形祐樹

ワークショップ・ミニ講座

授業③　盛山隆雄（5年）

講　演　夏坂哲志「算数の学び方と授業」

---

| 冬季大会 第24回 | 全国算数授業研究会　宮城大会 | |
| --- | --- | --- |
| | 「いま」算数に求められるつながり授業で結ぶ「点」と「点」 | 令和5年12月2日　仙台白百合学園小学校 |

再読者　八洲学園大学　佐々木達行

No.
101
>>>
No.
150

平成27年
11月刊行

令和6年
1月刊行

# 表紙デザインと思考・発想方法（見方や考え方）の視点

## ○　150号によせて

100号特別号（2015年）が先日のようにも思いだせるが，まさに光陰矢の如し。その後積み重ねた50号は，筑波大附属小算数部の伝統と革新，挑戦と努力の研究記録で敬意を表する。創刊号から表紙デザインに関わらせて頂いたことに感謝する。今後も長く続けて行かれることに期待する次第である。

## ○　101号からの挑戦とデザイン

私も101〜150号まで50枚の表紙デザインを描いてきたことになる。

101号の「表紙解説」に次のような文を書いた。

"101号から新たな表紙デザインに改訂した。「表題文字」を6色に色分けし，表紙の右上に縮小，移動した。その分，「特集題名」を拡大して中央に配置し，各号の特色を前面に出した。

また，背景に洒落た「ストライプ文様」を取り入れた。本号の表紙主題・題名は「点と線の循環軌跡」である。様々な点と線が連続し，6画面を貫いて循環していく。異なる6画面が点と線の軌跡でつながり，関わりあいながら調和していく。"

点が集まり直線や曲線に，線が集まると面になる。集まった6面は，算数部員6名の「関わり合いと調和」の象徴である。

これらは「数的，図形的な思考・発想（見方や考え方）」に関する表現である。この表紙「ストライプシリーズ」の主題・題名は「Ⅰ・六画面」，「Ⅱ・造形の概念（Concept Map)」，「Ⅲ・自然の概念」の3部作で124号（2019）まで続いた。

## ○　125号から「Double image」シリーズ

"本号からの表紙刷新に伴い，デザインの新シリーズがはじまる。「ダブルイメージ」は2視点を捉え，組み合わせた思考・発想方法である。"

125号の主題は「具象と抽象」の組み合わせで，具象的，写実的に描いた猫の体の中に抽象的模様を描いている。表現対象（猫）の外形に沿って切り取られた形は無機的な単色背景の上に乗せた表現である。表紙主題・題名は「極楽猫」。

ひとつのものごとを多視点から捉える「思考，発想」の方法は数学でも大切な見方や考え方の視点であろう。

**第101号** 平成27年11月
算数好きを増やすこだわりの
ピカイチ授業アイデア55

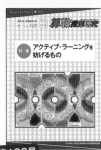

**第102号** 平成27年12月
アクティブ・ラーニングを
妨げるもの

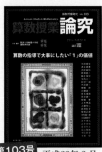

**第103号** 平成28年2月
算数の指導で大事に
したい「1」の価値

**第104号** 平成28年5月
算数に向かう心を育てる
年度初めの授業づくり

**第105号** 平成28年6月
「きめる」をキーワードにしたときに,
算数の授業づくりはどう変わっていくか

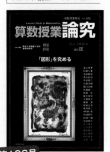

**第106号** 平成28年8月
「図形」を究める

**第107号** 平成28年10月
「深い学び」のある授業
その具体像を探る

**第108号** 平成28年12月
参観日や算数授業おさめに
おすすめの「トピック教材」

**第109号** 平成29年2月
今,育てたい資質・
能力とは何か

**第110号** 平成29年4月
「振り返り」を
どうするか

**第111号** 平成29年6月
「日常生活に生かす」
算数授業とは

**第112号** 平成29年8月
「統計」を究める

**第113号** 平成29年10月
数学的活動がまるわかり!
全学年+全領域24+2事例

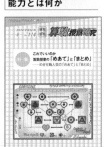

**第114号** 平成29年12月
算数授業の「めあて」と
「まとめ」

**第115号** 平成30年2月
今,育てたい
「数学的な見方・考え方」

**第116号** 平成30年5月
算数授業づくりの
全技術

**第117号** 平成30年6月
文章題の指導
私はこうしている

**第118号** 平成30年8月
算数で育てる子どもの
表現力

**第119号** 平成30年10月
子どもが考え直す機会を
保障する算数授業

**第120号** 平成30年12月
なぜ算数授業がうまくいかないの
か?だから私は授業をこう変える!

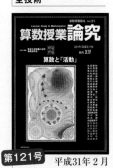

**第121号** 平成31年2月
算数と「活動」

**第122号** 平成31年4月
年度初めに知っておきたい!自然に力が
つく算数のゲーム・遊び・常時活動

**第123号** 令和元年6月
対話のある算数授業を
どうつくるか

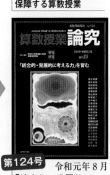

**第124号** 令和元年8月
「統合的・発展的に
考える力」を育む

**第125号** 令和元年10月
子どもの学力差に
対応する算数授業づくり

**第126号** 令和元年12月
これが「数学的な見方・考え方」
を働かせている子どもの姿だ！

**第127号** 令和2年2月
関数の考え

**第128号** 令和2年4月
深い学びにつながる
子どもの「問い」

**第129号** 令和2年6月
授業スタンダードは、子どもの資質・
能力を育てることができるのか

**第130号** 令和2年9月
子どもの「つまずき」
の価値

**第131号** 令和2年11月
今，算数の授業が危ない！
オンライン授業の落とし穴

**第132号** 令和2年12月
コロナ禍で見えてきた
「算数授業づくり」の考え20

**第133号** 令和3年4月
「数学のよさ」に
気付く子ども

**第134号** 令和3年5月
子どもが算数好きになる
「きまり発見」のある授業

**第135号** 令和3年6月
数と計算の見方が豊かになる
計算練習のアイデア22

**第136号** 令和3年8月
資質・能力ベイスの
「既習を活かす子ども」

**第137号** 令和3年10月
全学年の図の指導

**第138号** 令和4年1月
教え込みから脱却を
はかる授業モデル21

**第139号** 令和4年2月
教科書を活かした
授業のつくり方

**第140号** 令和4年4月
なぜ今，「個別最適な学び」
なのか？

**第141号** 令和4年6月
算数授業力を高める
ポイント36

**第142号** 令和4年8月
協働的な学びを支える
「聞く力」

**第143号** 令和4年10月
算数の学び方

**第144号** 令和4年12月
算数が苦手な子への
指導

**第145号** 令和5年3月
「計算指導」に
強くなる

**第146号** 令和5年5月
算数授業を見直す
14の視点

**第147号** 令和5年7月
「図形」領域の楽しい
授業

**第148号** 令和5年8月
集団検討で学びを
深める

**第149号** 令和5年10月
自立した学び手の
育成につながる評価

**第150号** 令和6年1月
AI時代を生きる子どもたちに
算数授業で育てたい力

この125号のシリーズから表題・特集題名の文字はさらに大きくなり，背景のストライプ模様がなくなる。「Double image」シリーズの組み合わせ視点は「Ⅰ・具象と抽象」，「Ⅱ・具象と空想」，「Ⅲ・イラストと空想」の3部作で139号（2022）まで15の作品が続く。

## ○ 140号から「心象抽象表現」シリーズ

"新たなデザインテーマを心象的な抽象表現（心象抽象）とした。心象イメージを抽象的表現として捉えたものである。本号の主題・題名は「楽しさや快さ（Nice Heart）」である。"

抽象的な数や形（図）の概念を捉えることは数学の本質であるが，曖昧な形（図）や色の世界（宇宙）をどの様に捉えるのであろうか。

表紙デザインは縦型になり，背景は表紙全面に広がる単色背景になる。この基本的なデザインは現在150号（2024）まで続く。

## ○ 146号から「4コマ造形発想」シリーズ

本年度からはじまったシリーズで，最も数学的な思考・発想の概念に近いだろう。

主なモチーフ（表現対象）は，造形要素である「形（図）：点，線，面，立体，空間，等」，「色：原色，色相，彩度，明度，等」と数の要素「1，2，3，沢山，等」に関する4つの視点から4画面に構成して思考，発想

（方法）を捉えていく。

「表紙解説」に次のように書いた。

"「造形発想」とは，どの様に表現を思考，発想（見たり考えたり）すればいいのか。

シリーズでは形（図）の基本概念を「魚／たつ魚」として繰り返し使用した。

146号の主題・題名「形の大小と数量」。

「魚」の「形の大小」と「数の増減」による4画面の変化を思考，発想の視点として捉える。"

147号の主題・題名「彩度と明度」。

果たして数学では色彩を数式や図形でどの様に表現するのであろうか。考えてみると面白そうである。

148号の主題・題名「形の単純化と変形」。

写実的な表現から不要な形を省略して単純化していく。さらにそれらを自由に変形して活用する。俳句を作る考え方に近い表現である。

149号の題名「点と線，曲線と直線」。

様々な「点と線」，異なった要素の組み合わせを思考，発想する方法。これにより，新たなイメージの表現が生まれる。

# 『算数授業研究』公開講座
## これまでの歩み

### 第51回 すべての子どもに確かな理解を育む算数授業のつくり方
平成27年11月7日（土）

授業①　中田　2年「かけ算」

授業②　盛山　5年「面積」

講　演　大野

### 第52回 第5回 算数スプリングフェスティバル
筑波発 問題解決の授業 子どもがきめる瞬間
平成28年3月5日（土）・6日（日）

授業①　田中博史　1年「大きな数」

授業②　中田　2年「かけ算」

授業③　夏坂　3年「わり算」

授業④　山本　4年「直方体と立方体」

授業⑤　大野　6年「たしつづけると…」

授業⑥　盛山　5年「角柱と円柱」

特別講演　国語部 白石範孝

　　「算数授業づくりと国語授業づくりの関連」

▼平成28年度　年間テーマ
筑波流　アクティブ・ラーニングのすすめ

### 第53回
平成28年5月28日（土）

授業①　中田　3年「かけ算の筆算」

ワークショップ　夏坂・中田・盛山・大野

授業②　盛山　6年「対称な図形」

### 第54回 第9回 算数サマーフェスティバル
平成28年7月17日（日）・18日（月）

授業①　田中博史　2年「かけ算」

授業②　山本　5年「図形の面積」

授業③　坪田　4年「式と計算」

授業④　盛山　6年「円の面積」

シンポジウム　正木・志水・細水

講　演　①大野　②夏坂　③中田

### 第55回 「深い学び」について考える
平成28年10月29日（土）

授業①　大野　1年「くり下がりのあるひき算」

授業②　夏坂　4年「面積」

講　演　山本

### 第56回 第6回 算数スプリングフェスティバル
学びに向かう姿勢をどう育てるのか？
平成29年3月4日（土）・5日（日）

授業①　中田　3年「三角形」

授業②　大野　1年「たし算・ひき算」

授業③　山本　5年「立体」

授業④　夏坂　4年「式と計算」

授業⑤　田中博史　2年「かけ算を使って」

講　演　盛山

### 第57回 新学習指導要領　私はこう実現する
平成29年5月20日（土）

授業①　盛山　3年「時刻と時間」

授業②　山本　6年「分数のわり算」

講　演　夏坂

### 第58回 第10回 算数サマーフェスティバル
学びを深める子どもを育てる
平成29年7月16日（日）・17日（月・祝）

授業①　夏坂　5年「単位量あたりの大きさ」

授業②　森本　1年「データの活用」

授業③　田中博史　4年「面積」

授業④　志水　6年「数列の和」

　協議会　正木・坪田・細水

授業⑤　山本　6年「比」

講　演　①大野・②中田・③盛山

### 第59回 資質・能力の質を高める
平成29年10月28日（土）

授業①　中田　4年「小数」

授業②　大野　2年「かさ」

講　演　森本

**第60回** 第7回 算数スプリングフェスティバル
**変わる自分を楽しむ授業**
平成30年3月3日（土）・4日

授業①　大野　2年「かけ算の活用」
授業②　中田　4年「ともなって変わる量」
授業③　森本　1年「たしざんとひきざん」
授業④　夏坂　5年「正多角形と円」
授業⑤　盛山　3年「かけ算の筆算」
講　演　①山本　②田中博史

**第61回** **子どもが話したくなる授業をどうつくるか**
平成30年5月26日（土）

授業①　大野　3年「分数」
授業②　夏坂　6年「場合の数」
講　演　盛山

**第62回** 第11回 算数サマーフェスティバル
**主体的・対話的で深い学びのある算数授業をどうつくるのか**
平成30年7月14日（土）・15日（日）

授業①　夏坂　6年「円の面積」
授業②　盛山　4年「わり算」
授業③　細水　2年「たし算とひき算」
　協議会　手島・正木・志水
授業④　田中博史　5年「面積」
模擬授業講座　夏坂・山本・盛山
Ｑ＆Ａ講演　森本・大野・中田

**第63回** **私は授業をこう変える！**
平成30年10月20日（土）

授業①　中田　5年「図形の角」
立合い授業②　森本　2年「かけ算」
立合い授業③　山本　1年「ひき算」
立合い授業を斬る！　田中博史

**第64回** 第8回 算数スプリングフェスティバル
**新学習指導要領，私は授業をこう変える。**
—学びを深めるための振り返り
平成31年3月2日（土）・3日（日）

（田中博史　現役最後の公開講座）
授業①　大野　3年「式に表す」
授業②　山本　1年「たし算」
立合い授業③　森本　2年「わり算の導入」
立合い授業④　中田　2年「わり算の導入」
授業⑤　田中博史　5年「分数のかけ算」
講　演　田中博史「数学的な見方・考え方と算数的表現力」

**第65回** **子どもが振り返りつつ，方法や考えを修正しながら，問題解決を進める授業の在り方を探る**
令和元年5月19日（日）

授業①　盛山　5年「整数の性質」
授業②　中田　6年「対称な図形」
講　演　大野

**第66回** 第12回 算数サマーフェスティバル
**資質・能力を育むための「対話」はどうあるべきか**
令和元年7月13日（土）・14日（日）

授業①　中田　6年「円の面積」
授業②　盛山　5年「三角形や四角形の角」
授業③　大野　4年「計算のきまり」
授業④　山本　2年「かけ算」
シンポジウム　正木・志水・細水
講　演　①森本　②夏坂

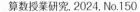

## 第67回 ツーランクアップを目指す算数授業づくりの基礎・基本

令和元年10月27日（日）

（於：大阪府豊中市立大池小学校）

授業① 森本 2年「ひき算」

授業② 夏坂 5年「速さ」

授業づくり講座 中田・大野・盛山

講演 山本

新型コロナウイルス感染拡大のため，令和2年3月2日から，全国の小中学校は一斉に休校となる。第68回公開講座が，令和2年2月29日（土）・3月1日（日）に計画されていたが中止。令和2年度は，9月27日に新潟県長岡市立神田小で，10月25日に大阪府豊中市立大池小でも公開講座が予定されていたが，全て中止となる。

　コロナ禍が収束しないため，令和2年11月に「算数GGゼミ」を開始。令和3年2月には「算数授業GG研究会」も始まった。「GG」には「頑張る先生と頑張る子どもを応援する」との思いを込めた。

## 第68回　第9回 算数スプリングフェスティバル 第1回 GG研究会
オンライン

令和3年2月28日（日）・3月6日（土）

（山本良和 担任としての最後の公開授業）

2/28授業① 山本 3年「わり算」第1時

3/6授業② 山本 3年「わり算」第2時

## 第69回　第2回 GG研究会 年度始めに役立つ授業づくりのコツ ーこの学年で育てたい見方・考え方ー
オンライン

令和3年4月18日（日）

講座① 盛山 1年「たし算」

講座② 中田 2年「数の感覚」

講座③ 田中英海 3年「かけ算」

講座④ 青山 4年「A，B領域」

講座⑤ 森本 5年「図形（面積）」

講座⑥ 大野 6年「分数のかけ算」

## 第70回　第13回 算数サマーフェスティバル 学習指導要領のキーワードをこう捉える！
オンライン

令和3年7月10日（土）

ビデオ授業① 盛山 3年「計算の性質」

ビデオ授業② 夏坂 5年「速さ」

対話型講演① 中田＆大野「見方・考え方」

対話型講演② 青山＆田中英海「主体性」

対話型講演③ 森本＆盛山「振り返り」

## 第71回　第4回 GG研究会 統合的・発展的に考察する力を育てる授業
オンライン

令和3年10月23日（土）

授業 森本 5年「図形の面積」

授業づくりQ＆A 森本・田中英海・青山・大野

## 第72回　第10回 算数スプリングフェスティバル
オンライン

令和4年3月5日（土）

公開教材研究

ビデオ授業① 夏坂 3年「かけ算とわり算の活用」（協議者：田中博史）

ビデオ授業② 大野 4年「変わり方」（協議者：細水）

授業づくりQ＆A

## 第73回　第6回 GG研究会 個を大切にする協働的な学び
オンライン

令和4年4月24日（日）

ビデオ授業① 盛山 4年「わり算の筆算」

ビデオ授業② 夏坂 6年「分数のわり算」

年度はじめ 授業づくりQ＆A

　1年：大野，2年：田中英海，3年：中田

　4年：盛山，5年：青山，6年：森本

**第74回** オンライン

第14回 算数サマーフェスティバル
授業で個を生かすために教師の意識すべきことと，具体的な手立て
令和4年7月9日（土）

ビデオ授業①　森本　6年「円の面積」（協議者：田中博史）
ビデオ授業②　大野　1年「3つの数の計算」（協議者：山本）
「授業で個を生かす」基礎技能講座
　中田・森本・青山・田中英海
「授業で個を生かす」ステップアップ講座
　大野・盛山・夏坂

**第75回** オンライン

第8回 GG研究会
個を大切にする協働的な学び
令和4年10月22日（土）

ビデオ授業①　田中英海　4年「式と計算」
ビデオ授業②　大野　1年「3口の計算」
指導法講座　中田・青山
教材づくり講座　森本・盛山

**第76回**

第11回 スプリングフェスティバル
個を大切にした協働的な学び
令和5年3月4日（土）　　　　※対面再開

授業①　中田　3年「分数」
授業②　青山　5年「割合」
対談型講座①　盛山＆大野
対談型講座②　夏坂＆細水

**第77回**

算数授業を見直す視点
令和5年5月13日（土）

授業①　田中英海　3年「かけ算とわり算」
授業②　青山　6年「対称」
講演　中田

**第78回**

第15回 算数サマーフェスティバル
授業力を問い直す
―成功と失敗の分かれ目―
令和5年7月16日（日）・17日（月・祝）

授業①　夏坂　4年「面積」
授業②　山本　6年「分数の計算」
授業③　大野　2年「三角形と四角形」
授業④　盛山　5年「図形の角」
講演　青山
シンポジウム　細水・田中博史・山本

**第79回**

子どもの学びを深める評価のあり方
令和5年10月21日（土）

授業①　森本　1年「かたち」
授業②　中田　4年「面積」
ミニ講座　大野・盛山・青山・田中英海
講座　夏坂

# 世界に日本の算数授業研究を広げていきたい

中田寿幸

## 海外での算数授業研究会

2020年に予定されていた東京オリンピックが1年延期され，2021年7月の開催となった。海外からの観客の受け入れはなく，外国から来る選手は日本人との交流のないように「バブル方式」で運営された。国内での授業研究会はオンライン開催であり，海外での授業研究会参加は当分ないと考えられていた。

2022年2月には東京都の1日当たりの新規感染者数が2万人を超え，大阪府には医療非常事態宣言が出されていた。8月には1週間当たりの新規感染者数（WHO報告）が世界最多となっていた。

しかし，この時期，海外では多くの国で入国の際の「ホテルでの強制隔離」が無くなっていた。デンマークのヤコブ氏からは「コペンハーゲンで算数授業研究会を再開したい」「ケンブリッジ大学でも研究会の準備はできている」というオファーが繰り返しあった。

2022年8月の全国算数授業研究会は対面とオンラインのハイブリッド開催となった。日本国内での対面での算数授業研究会が復活する。

2022年10月。盛山と大野がデンマークコペンハーゲンとイギリスケンブリッジ大学での算数授業研究会に参加し，授業と講演を行った。「研究会でも街中もマスクをしている人はほとんどいない。飲食店もコロナを忘れさせる賑わいだった」そうだ。日本国内でも全国旅行支援も開始され，国内での移動が推奨されていたときであった。

2023年5月にコロナが「5類」へ移行となると，海外へもコロナ前のように行けるようになった。

8月に礒田先生から要請のあったインドネシア算数授業研究会（149号報告）に，夏坂，大野，森本が参加。

10月にコペンハーゲン算数授業研究（150号本号報告）に盛山，中田，青山，田中が参加。

同じく10月にケンブリッジ大学算数授業研究会（151号次号報告）に夏坂，大野，森本が参加。

それぞれの研究会で現地の子どもとの算数授業を公開し，講演も行ってきた。

## 海外の先生を招いての算数授業研究会

11月にはこれも礒田先生からの要請で，筑波大学附属小学校においてインドネシア・マレーシアの先生方を招いて全学年での算数授業を公開し，授業検討会を行った。30人を超す先生方が参加し，母国の算数授業との違いを見いだしていった。2024年2月に筑波大学附属小学校で行われる初等教育研修会でも海外の先生方の参加が予定されている。

この1年余りの期間で日本の算数授業研究を海外に直接紹介する機会が一気に戻ってきた。海外に出ると日本の算数授業研究が進んでいることを肌で感じられる。これからも海外での算数授業研究に積極的に参加していきたい。

## イギリス　ケンブリッジ大学附属小学校5年生との授業

# 必要な値を，子どもが見出していく「速さ」の授業

夏坂哲志

### ❶ テーマは比例的推論

イギリスの先生方が今回の研究会で取り上げたテーマは「比例的推論」である。前日に森本，大野が，日本のカリキュラムの中での位置づけや授業例について講義をした。それを受けて，私は「速さ」の授業を展開した。

通常，「速さ」の授業では，ＡとＢの２人（あるいはそれ以上の数の乗り物など）が移動したときの「道のり」と「時間」が示され，それをもとにして「どちらが速いと言えるでしょうか？」のように問う場合が多い。

今回の授業では，まず，実際に動く様子を見た子どもが「Ａの方が速い」のように感じ，それをはっきりさせるために「道のり」や「時間」を調べようとしたり，その結果をもとに「やはりＡが速いと言える」と結論づけたりする過程を大事にしたいと考えた。

そして，「Ａが速い」ことがはっきりとした後，「道のり」と「時間」の間には比例関係があることを見抜き，それを用いて，「１秒当たりに進む道のり」などの求め方を考える場をつくりたいと考えた。

### ❷ 授業の実際

授業を行った教室は，壁に大きなモニターが埋め込まれていた。黒板やホワイトボードはなく，普段は，このようなモニターに映して授業を進めることが多いのかもしれない。

※目盛りのように生えている草は，初めはない。葉っぱをクリックすると生える設定である。

このモニターに次のような画面を映し出す。

リンゴの絵をクリックするとタヌキが右に向かって等速で移動する。その様子を見せた後，キツネ（左に移動）も動かして見せる。

その後，「真ん中の『Start at the same time』を押したらどうなると思う？」と問う。それに対し，「kill」といった単語も聞こえてきたので驚いたが，「２匹は真ん中の木よりも左側で出会う」という意見に落ち着いた。その理由は，「キツネの方が速いから」である。では，「キツネの方が速い」ということをはっきりさせるためには何を調べればよいか。まずは，それを考えることにした。

その後，草の目盛りで道のりを調べたりストップウォッチで時間を計ったりした結果をカードで整理していった（下の写真：左のボードの上の部分）のだが，その表はあまり活用されず，最後は，図を使って，出会う位置を見つけていくことになった。

**デンマークでの算数授業研究会**

# 文化や言語の違いを越えて感じたこと

田中英海

## ❶ 授業のねらい

三角形の導入の授業である。本時のねらいは，「辺の長さに着目して，三角形を弁別することができ，正三角形と二等辺三角形の意味について理解する。」である。円の中心と円周上に12個等間隔に点があり，そのうち3点で三角形を作る。教科書の定番教材の裏に，あたり（✓），外れ（×）を入れたくじびきをひき，できた集合から図形の性質を考える授業である。くじびきにする仕掛けは，本校の盛山が実践しているものを参考にした。

## ❷ 実際の授業

導入では，円周上の12個の点が等間隔に並んでいること，13個目の円の中心を確認した。間の点の数に着目すれば同じ辺の長さであることを説明できるような土台を作った。そして，三角形くじを8種類提示して，1人ずつ4つのあたりはずれを確認した。

そして，子ども一人一人にカードを配り，分類する時間をとった。海外で授業をして感じたのは，何より見取りが難しいこと。子ど

ものつぶやきが何を言っているか分からず，書いたことも読み取れない。そこで，カードを分ける活動で思考を可視化しようとした。

すると，辺の長さや整った形などではなく，三角形の1点が円の中心にあるかどうかで分けている子が半数ほどいた。導入での13個目の中心の点が強く意識づけされていたのかもしれない。子どもたちは，カードが分類されていく過程で，辺の長さが等しい三角形があたりのグループに入っていることを発見していった。正三角形と二等辺三角形の意味を押さえた後，円を使ってそれらの三角形をかく活動を入れて授業を終えた。

## ❸ 日本では，子どもに助けられていた

初の海外での授業，日本との違いに驚くばかりであった。日本では筆記用具やノートなど学習する道具を自分で管理したり，どこに何をかくかなど教師と子どもの暗黙の了解で進んだりしていることに気付けた。日本は，小学校入学から基本的な学習姿勢など共通了解のもと指導が重なっている。

通訳を介し，言語が伝わらない授業を経験し，「子どもに助けられている」ことを自覚できた。分かりやすい言葉に精選したり，当たり前としていた指導をより細やかにしたりしていく必要を感じた。

**デンマークでの算数授業研究会「対称」**

# 「合同な図形」を関連付けた「対称な図形」の指導

青山尚司

## ❶ 授業の実際

2つの台形を提示すると，「同じ？」，「ちょっと違う」と反応があり，どうしたら同じとわかるかを問いかけた。「2つを重ねる」という反応があり，実際に重ねて確かめ，それらの関係を「Kongruente（合同）」と呼ぶことを確認した。

また，「2つくっつけるとちょうど半分になる」という反応もあり，その子に実際にくっつけてもらった。その例のように同じ色になっている対応する辺をぴったりくっつけて形を作ることを伝え，合同な図形を2枚ずつ配布して構成する活動を行った。しばらくしてどんな図形ができたかを問うと，辺の本数と同じ4種類が挙げられた。

すると，「マグネットが両面についていたらもっとできる」という反応があり，どういうことかを問うと，「1枚を裏返せば他にもできる」という発言が引き出された。

1枚を裏返すことで新たにできた4つの図形について，ある子が，「線を引くと左右

が同じ」と発言した。そこで，実際に線を引かせ，それを境に半分に折るとぴったり重なることを確認し，「Linjesymmetri（線対称）」と呼ぶことを伝えた。

そして，先に作った4つの図形はどうしたら重なるのかを問うと，前にきた子が片方を逆さまの位置まで回転させるとぴったり重なることを示した。4つともその操作で重なることを確認し，その関係を「Punktsymmetri（点対称）」と呼ぶことを伝えた。

最後に正方形を示し，それが線対称であり，点対称であることを確認した。またそれを折って作った線対称な図形のとがった部分を2人の子どもに引っ張らせると羽が開いて鶴になった。驚く子どもたちに折り紙をプレゼントし，対称な図形を作って楽しむことを伝えて授業を終えた。

## ❷ 実践を終えて

デンマークでは，線対称は2年生から触れているが，点対称と合同は未習であった。

言葉が通じないため，できるだけシンプルに伝えることを意識した。また，発言を共有するためにペアでの話し合いをしたり，苦手な子が自立して操作できるように寄り添ったりすることを心掛けた。これらは普段の授業でも意識すべきであることを改めて実感した。

**欧州から見た筑附小の算数**

# Appreciations from Denmark and England.

## Jacob Bahn

Denmark National Center for Mathematics Education Development

Imagine the scenario: A teacher travels one third around the world to teach a class of students whom he doesn't know – and who doesn't know him. These students are now put in a situation, which they have never encountered before: They are placed in a provisional classroom in the sports hall, observed by other people, being recorded on video and taught by a teacher from another country who doesn't speak their language and therefore teaches through an interpreter. Remember, that these students have never tried any one of these things in their whole life. And they are being taught in a way which is quite a different from what they are used to. Imagining the scenario, it seems doomed to fail.

Yet, we have now seen mathematics teachers from the Elementary School attached to University of *Tsukuba* conduct such lessons successfully and with great satisfaction to the observing teachers, teacher educators, researchers and school leaders. In fact, though we are pleased that the students have obviously enjoyed those lessons, the purpose of them was to help us create an image of how we can develop our own teaching of mathematics.

For any human being, it is difficult to imagine an unknown, future praxis. Therefore one of the most powerful drivers for change is visual demonstrations – i.e. images – of a different praxis followed by elaborating communication. Once you successfully create an image in your mind of what kind of new praxis you would like to practise you have a direction for development, and if you understand the underlying mechanisms of that praxis, you have the means to develop in that direction. To develop teaching, it is necessary that not only *a teacher* but that *the teachers* create such images and share an understand of the underlying mechanisms.

That is why attending open lessons is such a powerful tool to develop teaching: teaching in general, and any teacher's teaching. Many Japanese teachers may not be aware of it, but mathematics teaching in Japan is regarded as among the best in the world and Japanese teachers of mathematics are among those with the highest level of knowledge for teaching mathematics. There are a number of reasons for this but at the core is a highly developed system for sharing and critically discussing ideas of teaching through live lessons.

Unfortunately, in most countries, such as Denmark and England, we generally do not have the opportunity to participate in such activities. Some of us would like that to change, which is why we are so pleased to have established a cooperation with the mathematics teachers from the Elementary School Attached to University of Tsukuba.

In October this school-year, four of the teachers visited *Lyngby-Taarbaek* (near Copenhagen) in Denmark and three visited Cambridge in England. In both countries the teachers demonstrated and elaborated on ideas of teaching and the underlying mechanisms through teaching open lessons with local children and explaining related aspects of the Japanese curriculum.

In *Lyngby-Taarbaek* the focus was on perspectives on figures. The curricular explanations where supported by lessons on "how to create the concepts of equilateral triangle and isosceles triangle" in grade 3 and "to introduce the definition of [line and point symmetry]" in grade 6.

In Cambridge the topic was multiplicative reasoning, where the elaboration of the curricular progression was followed by a lesson on "how to compare "speed"" in grade 5.

Based on the introduction scenario, it is easy to see that our students need a lot of knowledgeable support and patience from the teacher to follow the lessons. It is in itself amazing to see how the teachers strive to and mostly succeed with this. What is even more important, though, is, how especially our teachers light up. As a teacher said: "I want to learn to teach like that".

The true value of these visits from our Japanese colleagues is that our teachers – and those of us trying to support them – are presented with concrete images of teaching and their underlying mechanisms. We are developing very slowly, but thanks to the support from our Japanese colleagues, we have a direction and some means to go in that direction.

ありがとうございました。

### 欧州から見た筑附小の算数

# デンマークと
# イギリスからの感謝状

デンマーク国立数学教育開発センター
## バーン・ヤコブ

こんなシナリオを想像してみてほしい。ある教師が地球を3分1周して，見知らぬ子どもたちに授業をする。この生徒たちは，今まで遭遇したことのない状況に置かれる——体育館の仮設教室に入れられ，他の人たちに観察され，ビデオで記録され，言葉も通じない他国の教師に通訳を介して教えられるのである。これらのことは，子どもたちにとって人生で初めての経験だ。しかも，彼らが慣れ親しんできたものとは，まったく異なる方法で教えられているのだ。この筋書きを想像すると，授業は失敗する運命にあるように思える。

それでも，筑波大学附属小学校算数部の教師たちは，このような授業を成功させ，観察している教師，研究者，学校の管理職たちに大きな満足感を与えたのだ。実際，子どもたちがこの授業を楽しんでいることは喜ばしいことではあるが，この研究会の真の目的は，私たち欧州の参加者が，どのように算数の授業を発展させることができるかのイメージを作ることにあった。

どんな人間にとっても，未知の，将来の実践を想像することは難しい。そのため，変化を促す最も強力な原動力のひとつは，さまざまな実践を視覚的に示すこと，つまりイメージであり，それに続く精緻なコミュニケーションである。どのような新しい実践をしたいかを頭の中でイメージすることに成功すれば，発展の方向性が定まり，その実践の根底にあるメカニズムを理解すれば，その方向に発展させる手段を手に入れることができる。教育を発展させるためには，単に一人の教師だけでなく，教師全員がこのようなイメージを創り出し，その背後にあるメカニズムを理解し共有する必要がある。

だからこそ，公開授業に参加することは，指導を発展させるための強力な手段なのだ。これは一般的な教育の発展にも，任意の教師の教え方の発展にも有効な手段といえる。多くの日本の教師は意識していないかもしれないが，日本の算数教育は世界でも最高峰と評価されており，日本の算数教師は算数を教えるための知識レベルが高い。その理由はいくつかあるが，その中核にあるのは，実際の授業を通して指導のアイデアを共有し，批判的に議論するシステムが高度に発達していることにあるだろう。

残念ながら，デンマークやイギリスなどほとんどの国では，このような活動に参加する機会はほとんどない。そのため，筑波大学附属小学校の算数教師と協力関係を築けたことを大変嬉しく思っている。

昨年10月，4人の教師がデンマークの *Lyngby-Taarbaek*（コペンハーゲン近郊）に，3人がイギリスのケンブリッジに訪れた。両国で筑波附小の教師たちは，現地の子どもたちとの公開授業や，日本のカリキュラムに関連した説明を通じて，指導の考え方やその根底にある仕組みを実演し，詳しく説明した。

*Lyngby-Taarbaek* では，図形の視点に焦点が当てられた。カリキュラムの説明とともに，3年生では「正三角形と二等辺三角形の概念の作り方」，6年生では「線と点の対称性の定義の紹介」の授業が行われた。

ケンブリッジでは，比例的推理が話題となり，カリキュラム進行の精緻化に続いて，5年生の「速さ比べ」の授業が行われた。

冒頭に示したシナリオを踏まえれば，子どもたちが授業についていくためには，教師の多くの知識的補助と忍耐が必要であることは容易に理解できた。教師たちがどのように努力し，そのほとんどが成功しているのかを見ることは，それ自体驚くべきことである。しかし，それ以上に重要なのは，デンマークとイギリスから来た私たち見学の教師たちがいかに目を輝かせているかということだ。ある教師が言った「あんな風に教えられるようになりたい」。

このような日本の同僚の訪問の真の価値は，教師たち，そして彼らをサポートしようとする私たちが，授業の具体的なイメージとその根底にあるメカニズムを提示されることである。

私たちは非常にゆっくりと発展していますが，日本の同僚たちのサポートのおかげで，方向性とそのための手段を手に入れることができました。

ありがとうございました。

※本頁は，ChatGPT 4及び DeepL 翻訳を用いて AI 翻訳しました。

# 自ら学び自ら考える子どもを育てる算数授業：その海外展開

筑波大学教育開発国際協力研究センター
礒田正美

## ❶ 先生方に学んだことを土台に

1982年，筑附高での教育実習時，指導教員大竹登先生が筑附小の窪田騰先生の授業参観機会を下さった。子どもの全作品が黒板上に掲示され，なんと子どもが分類していく……背後にある数学的構造が顕在化した。Amazing!

1989年，北海道教育大学に着任。同附小田中秀典先生が，筑附からの着任と歓迎下さり，札幌の先生方と授業研究が始まった。当時，既に教師による提示課題から子どもが見出す問い（問題）で駆動する筑附小の授業は札幌にも浸透していた。授業づくりの肝（key）は，練り上げ主題となる問題（子どもの問い）を生む授業設計。その視点から指導系統をとらえ単元構成，問題系列（task sequence）を読む筆者の授業研究も始まった。意味（概念的知識）と手続き（手続き的知識）に注目し既習・本時を記載すると，子どもが既習を活かせばこそ生まれるつまずきも予想できる。子どもの異なる考えの背後にある既習を顕在化し，対話的かつクリティカルに子どもが議論し合う授業が実現する。モデルとなったのは筑附小・正木孝昌先生の平行線の導入授業「スーとガチャ」。本誌前身『侃々諤々』で尽力された桜井さんが『算数教育』に連載機会を下さった。90年代初頭で

ある。以来，意味と手続きによる授業づくりで，札幌，つくば，富山，沖縄の研究会の先生方と国内で授業研究が進む。筑附小算数部の授業に魅了され，各地を先導される方々が担われる。

## ❷ 先生方と共に海外展開

2002年，筑波大学教育開発国際協力研究センター設置。本誌上で度々紹介させていただいているように，筑附小算数部の先生方に海外行脚を依頼し日本の授業研究を世界展開する。

2006年 APEC（21ヵ国地域）授業研究プロジェクト開始。東京で筑附小の授業を公開。海外研究者もその授業に魅了される。引く手あまたで先生方との海外行脚が始まる。無視され否定される子どもの考えをわざわざ引き出すとは……先生が変われば，寡黙な子どもが自ら発言するのか。現地の参観者（先生方，指導主事，研究者）は衝撃を受ける。子どものつぶやきや教師の反問／復唱／語り始めの言葉など，必要な言葉が通訳されない不自由な状況でも，先生の工夫で，子どもの考えが引き出され，目を輝かす。教師が説明手順，演習を工夫する現地授業からは想像できない子どもの姿に，参観者が魅了される。

## ❸ 安易に模倣できない：何が不足か

筑附小算数部のノウハウには，表面的には「ストップ，○○が言いたいことわかる」など，他者の考えを自ら再現する（re-present）ことで，卓越生徒の暴走を止め，互いの共感を生み，よさを味わう工夫がある。筑附小 OB の田中博史先生，細水保宏先生世代

が国内に行き渡らせた指導方略でもある。

田中先生は語り始めの言葉で時代を先導された。語り始めの言葉の浸透を同OB山本良和先生による授業で2年間（1，2年生）観察した（藁科院生）。当初は山本先生が「例えば」と言っていた。1年の中ごろには子どもが「例えば」と言い始めた。2年目には，誰も「例えば」と言わずに，別の場合を例示した。それは教師の語り始めの言葉で，他の場合への一般化を求める対話が生れ，それが子ども自身の考える力へと転移していく証となった。

かような子どもの考える力（数学的な見方・考え方）は，単元を超えて先生方が授業づくりをされた帰結として育まれる。それは先生方の教材を系統的に見通す力，問題系列を生み出す力によっている。ホンジュラスからの帰国便内，坪田耕三先生は機中でノート一冊を手に教材本を一冊完成された（驚異!!）。他方，日本では，教材力を欠く先生も，指導法の工夫で，既習を活かし考える力を育てられる。それは問題系列仕込み済教科書のお陰。日本の教科書は，後々活きる表現力やクリティカルシンキングなどの育成に至るまで深く配慮されている。

APEC授業研究プロジェクトでは，日本の算数教科書に海外研究者は魅了された。その協働により，筆者が携わっただけでも日本型教科書は10ヵ国で利用される。附小の先生方の授業研究成果でもある学校図書と教育出版の教科書は東南アジアでは，タイ，インドネシア，ミャンマーなどで利用される。筆者が英語版を監修する学校図書の場合で言えば，海外5ヶ国で翻訳・翻案版が存在する。それは，東南アジア教育大臣機構教育課程基準や研究書の基盤となっている。

### ❹ 東南アジア：インドネシアの場合

貧富の差，学力差は著しくとも，東南アジア新興国は日本より財政豊かで教育投資も盛ん。日本型授業研究を導入し20年を迎える。日本の問題解決型授業も，その道の先生方が実践するが，日本同様，できる子依存の形骸化した問題解決を超えるべく，工夫も進む。

人口も国土も日本の2倍を超えるインドネシアの教育省は，2023年7月，学校図書のインドネシア語版を国定化し全土で使用開始した。実験版から新課程適用版まで5年かかった。その研修の一環として8月に夏坂先生，大野先生，森本先生と3都市で授業行脚した。10月には，インドネシア・マレーシアの大学・教育省・学校長26名が1週間，先方経費で筑附小算数部全員の授業を参観された。参観時に出た素朴な質問：「なぜ，子どもが発表した後，他の子どもは拍手しないのか」「なぜ，解き方を指導しないのか」「EIS（行動・映像・記号）の順序で教えないのか」ナンセンスにも映る質問から，質問者がそれぞれの現状において何を目標に，いかなる教材で授業づくりを進めているか，推し量れる。

授業改善には教材力と数学的な考え方育成などの目標視が不可欠となる。その欠落を補うべく，海外8機関・大学と協働してオンライン6講座55講を英語で開設，海外42カ国から1万9千人が受講下さる。インドネシア語版講座も開発され，同国数学会推奨となった。

改めて協働下さる先生方に感謝したい。

# 算数における1人1台端末の活用と情報活用能力について
—— 2年生の授業実践を通して

千葉県船橋市立宮本小学校　金子真大

## 1 自己調整力と情報活用能力

2021年文部科学省は，「『令和の日本型学校教育』の構築を目指して～全ての子供たちの可能性を引き出す，個別最適な学びと，協働的な学びの実現～（答申）」において「個別最適な学び」について，児童生徒が自己調整しながら学習を進めていくよう指導することを指摘している。また，個別最適な学びを実現するためには，ICT の活用が必要不可欠だとも示している。自己調整しながら学習を進めること，つまり自己調整力とは，自身の学習や行動に対して目標や計画を立て，評価や改善を行うことだと言われている。だが，この自己調整力を児童が自然と身につけるのは困難だと感じる。自己調整力の育成とICT の活用を考えたとき，「情報活用能力ベーシック」の5つプロセスを進めることでICT の活用と自己調整力の育成が期待できると考える。情報活用能力ベーシックとは，2020年度に放送大学の中川一史先生を中心として，情報活用能力を「①課題の設定」「②情報の収集」「③整理・分析」「④まとめ・表現」「⑤振り返り・改善」という5つの学習プロセスとして位置付け，授業の中でどのように育成すれば良いかわかりやすく例示されたものである。

本校では，この情報活用能力ベーシックを基に年間計画に位置付けて授業を構成し，日々，情報活用能力の育成を図っている。

今回は，私が担任をしている小学2年生の算数の授業で行った1人1台端末の活用や情報活用能力について紹介していきたい。

## 2 1人1台端末を生かした学び方

情報活用能力ベーシックの低学年算数，整理・分析では，「身の回りの事象について観点を定めて絵や図で分類整理し，簡単なグラフに表現して特徴を捉える」と示されている。

この情報活用能力の育成を目指し，三角形と四角形の授業では，教科書に提示された形を三角形と四角形，それ以外の形に分類する整理・分析を行なった。ノートや1人1台端末などの媒体とシンキングツールなどの整理する方法を児童に選ばせて授業を行なった。1人1台端末を使ってシンキングツールで整

理する児童もいれば，ノートにYチャートを書いて整理する児童もいた。以前は，ノートを取る場面，1人1台端末を使う場面というように授業の中で区切っていたが，最近は，思考させる場面で児童に何で学ぶかを任せる機会が増えてきた。自分にあった媒体やシンキングツールを選び，低学年のうちからこのような取り組みを繰り返すことで，中川先生が述べている児童生徒が自ら適切な活用法を判断するという端末活用の第三フェーズへとつながっていくことに期待している。

1人1台端末では，インターネットを介して，他の児童の意見や考えを共有することができるため，他の児童の考え方を確認したり，モデルとして紹介・発表させたりすることも簡単にできる。一人で考えることが苦手な児童も課題を解決するためのヒントがいつでも手元の端末で見られるため，どのように学んだら良いかを獲得していくことができると考える。

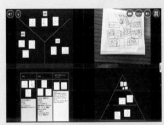

### 3 学びの振り返り

情報活用能力ベーシックの低学年算数，振り返り・改善では，「問題解決から学んだことのよさや楽しさを感じる」と示されている。

本学級では，自身の学びを振り返るため，1人1台端末上で入力ができる「ふりかえりカード」を使っている。このカードの良さは，児童の振り返りがデータとして蓄積できるた

め，どのように学んできたか確認することができる。また，教師もすぐに返却できるようコメントをチェック欄にして継続できるように工夫している。教師からのフィードバックにより次の学びの改善となる。このように学びの振り返りの蓄積と改善が自己調整力へもつながっていくと考える。

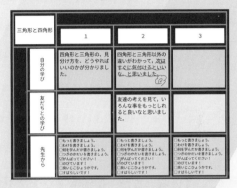

### 4 最後に

今回は，情報活用能力ベーシックを基にした算数の実践を紹介した。このように情報活用能力ベーシックを基にした学習を指導者が考え，児童が5つのプロセスを進めることによって低学年でも自然と1人1台端末の活用が進んでいる。

また，自己調整力で求められている，目標や評価，改善はまさにこの5つのプロセスに組み込まれているため，児童が繰り返し行うことによって自然と自己調整力の育成にも期待できると考える。

参考資料
文部科学省（2021）「令和の日本型学校教育」の構築を目指して～全ての子供たちの可能性を引き出す，個別最適な学びと，協働的な学びの実現～（答申）
情報活用能力ベーシック　一般社団法人　日本教育情報化振興会（JAPET&CEC）

# 「全見せ」で今までできなかった授業を

昭和学院小学校　二宮大樹

## 1 全員に発表の機会を与えたい

　現在担任している一年生の子どもたちは，とても活発に自分たちの考えを発表しようとする。物怖じせずに，手を挙げる子どもたちを見ると，なんとか全員を指名してあげたい気持ちになる。しかし，黒板の前に立ち，発表できる子どもの数は限られる。ましてや，同じ考えの子どもが，前に発表したら発表の機会は失われる。

　そこで，ICT を用いて全員が発表できる方法を探った。本校では，ロイロノートという教師と子どもたちの通信アプリを使用している。その機能の一つに，回答共有がある。子どもたちがオンラインで提出したシートや写真・動画などを他の子どもたちも見られるようにできる。

　上は，子どもたちが提出した画像の一覧である。たし算カードを並べた画像を提出させ，その並べ方の違いに気づかせるために，回答共有をした。子どもたちは，これを手元のタブレットで見ることができ（選択すれば，拡大して見ることができる），級友全員の考えを一目で見ることができる。私はこの回答共有ツールを教室で「全見せ」と呼んでいる。この機能を使えば，全員が自分の考えを全員に発表することができる。これによって授業の何が変わるのか。実践で探ってみた。

## 2 「全見せ」で問いを生む

　子どもたちは，周りとの違いやズレを意識した時に問いを生みだす。「全見せ」を使えば，子どもたち一人一人が，一目でその違いやズレを意識できる。

　1 年生に被加数分解のよさを体験させることを狙ったたし算の授業（6＋9）の一例である。私は，子どもたちにブロックを動かす動作を動画で撮らせ，その動画を提出させ，共有（全見せ）をした。

A　加数分解　　　　B　被加数分解

　どの動画も 4 秒程度の撮影時間なので，5 分もあれば，クラス全員の動画を確認できる。しかし，5 分を待たずとも子どもたちから「動かし方が違う！」と声があがる。前時に加数分解を学んでいる子どもたちにとって，

Ａの動かし方が既習である。「左から動かした人はどのように動かしたのか？」，「右から動かした子はどのように動かしたのか？」その違いから，問いが生まれる。実際に動画を見ながら，動かしていくと，分解した過程が分かる。しばらくすると，教師が問わずとも「Ｂのように，左から動かした方が楽だ！」との声が挙がる。足される数を分けても良いことに気づいた子どもたちは，それぞれの動かし方に名前をつけて，違いを明確にし，その良さを体感することができた。

### ③ 「全見せ」で相互評価する

全見せをすれば，子どもたちが子どもたちを評価することも容易になる。教師が評価をせずとも，「いいね」「真似してみたい」と話すようになる。

一年生「10より大きな数」の授業を例にあげる。本校では，この単元で11から60までの数を学習する。単元末に60までの数表の一部を切り分けたパズルを配り，取り組ませた。

| 0 | 1 | 2 | 3 | 4 | 5 | 6 | 7 | 8 | 9 |
|---|---|---|---|---|---|---|---|---|---|
| 10 | 11 | 12 | 13 | 14 | 15 | 16 | 17 | 18 | 19 |
| 20 | 21 | 22 | 23 | 24 | 25 | 26 | 27 | 28 | 29 |
| 30 | 31 | 32 | 33 | 34 | 35 | 36 | 37 | 38 | 39 |
| 40 | 41 | 42 | 43 | 44 | 45 | 46 | 47 | 48 | 49 |
| 50 | 51 | 52 | 53 | 54 | 55 | 56 | 57 | 58 | 59 |
| 60 | | | | | | | | | |

本時で使用した数表

子どもたちは，次の数，前の数を探しながらパズルを解いていくが，このパズルは縦のつながりを意識し，上下の数を探した方が解きやすいように仕組んでいる。本単元で数が10増えると数表上で真下の数になることを学んでいる。実際にパズルを解かせると，横を意識する子，縦を意識する子，解き方が二つに分かれる。その様子を動画で撮影し，共有

すると，早い子の解き方の共通点に気づく。「動画の時間が短い子は，みんな上と下の数を探している」

教師が何も働きかけずとも，「もう一回○○さんのやり方でやりたい！」と友達の考えを「良い」と評価する。さらに，実際に早くなった自分たちの動画を見返し，数表を縦に見る見方の利便性にも気づく。教師が価値づけずとも，子どもたち同士の関わりだけで，学びを深めていくことができる。

### ④ 「全見せ」の成果と課題

以上に挙げた実践は，一例であり，今学期に入り，ほとんどの授業で「全見せ」を行ってきた。また，算数だけでなく，他教科でも使用している。すると，子どもたちは，「みんなのロイロが見たい」と話すようになり，また声をかけずとも自分と異なる考えを探すようになった。「○○さんのすごいよ！」と評価をすることが当然のことになりつつある。

学年が上がると，自分の考えに自信が持てない子がいたり，間違いをピックアップすることで，見せることに拒否反応を示す子がいたりするかもしれない。しかし，自分の考えを見せることがごく当たり前の環境になることによって，自分の考えにこだわりを持ちながら，自分と異なる考えを大切にできるようになるのではないかと考えている。

## 見て、見て！ My 板書

# 1 m² を実感しながら広さを考える
## ——4年「面積」

東京都世田谷区立多聞小学校
木村知子

### 1 前の時間までの考え方を使うと…

　4年生「面積」の第3時である。面積は実際の広さを実感しながら学習することが大事だと考えている。授業の要所要所で1 m²がどれぐらいの大きさだったか目で見て、両手を広げるなどして実感させたい。本時は教室の縦と横の長さから、教室の面積をどう表せばいいか考える。この日は教室の入り口の床の一角に、カラーテープで囲んだ1 m²も用意しておいたが、児童は「何これ？」と授業との繋がりには気付いていなかった。児童にどうやって考えるか聞くと「今までの縦×横を使う」「単位が m か cm で悩んでるんだけど」という意見が出た。前時までに cm²は既習であるが、m²はこの時間で初めて登場する。「多分なんだけど、前回 cm²があったように、一辺が1［m］×1［m］の面積の単位もあると思うんだよね」と予想を述べた児童の言葉を受けて、1 m²の定義を押さえ、床にかいた1 m²も全員呼んで実際の広さを確認した。

　この m²を使って教室の面積を表すと、9×7＝63（m²）となった。「別の式があるよ。900×700」「長さを cm で計算したんだね」「答えって0がいくつ付くんだろう？」1 m²と1 cm²の関係が自然に新たな問いとなって出てきた。「1 m²は何 cm²ですか」と書いて、候補を3つ用意した。

　100 cm²、1000 cm²、10000 cm²、それぞれグーチョキパーで自分の考えを決めさせる。意外にも、100 cm²や1000 cm²を選ぶ子は何人もいる。「100［cm］×100［cm］だから、0が4つ付いて10000 cm²になる」と児童の言葉で押さえる。ここまで来て、先程の900×700に戻り、答えは630000 cm²となった。板書の10000倍は cm²に表した場合の0の数の変化について児童の言葉を板書している。

### 2 この教室は何 m²？

　最後に教室の広さを予想し計算する。定規など与えなかったので、児童は床にある1 m²や両手を広げて、縦と横の長さを測っていた。予想は最小で35 m²、最大で189 m²となった。189 m²では「ええ！　大きすぎでしょ」などの反応もあり、面白い。遂に1 m 定規で教室の長さを測る。参加している全員が何 m²になるのか、わくわくして「1、2、3……」と長さをカウントしている。縦8 m、横8.3 m で約8 m となった。8×8＝64（m²）ピタリ賞の子に全員で拍手して授業を終えた。

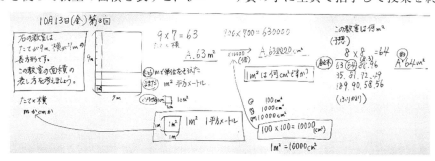

## 『数学の世界』

矢沢潔・新海裕美子 著

矢沢サイエンスオフィス

　この本は，コンビニに寄ったときに何気なく目に入って，思わず購入した本である。本のコンセプトは，「理論を知ると面白いほどよくわかる！」となっており，数学の世界を読み物として編集されている。やや難しい内容もあるが，図による解説も多い。中を見ると学生時代が懐かしく思い出された。ただ，当時は，ひたすら知識や公式を叩き込まれ，繰り返し問題を解くことに必死だったように思う。しかし，この本を読むと，そんな詰め込まれた知識の根本には「こんな始まりや歴史があったのか」「こんなことを知って学ぶと面白かっただろうな」「教材開発の幅が広がりそう」という思いが湧いてきた。その後は，隙間時間に，「数学者はなぜ『素数』が好きか？」など面白そうなタイトルの部分からちょっとずつ読んだ。

　例えば，2桁の数字の十の位と一の位を入れ替えて（大きい数）－（小さい数）をすると9の倍数になる。また，その答えは，2つの位の数字の差に9をかけた答えである。以前，この性質を使った授業で，子どもが「面白い！」で終わらず「なぜそうなるのか？」と思えるようにしたいということが話題になった。＊（10a＋b）－（10b＋a）＝9（a－b）

　事象の根拠を追求しようとする力を子どもに育てること，かつ，教師がその意識をもつことは大切なことである。そんな授業構成や教材開発のヒントになる理論がたくさん詰まっています。算数大好きの先生方，ぜひ読んでみてください！

（宮崎県宮崎市立西池小学校　小出水公宏）

---

子どもに読ませたい
# 算数・数学の本

## 『すうがくでせかいをみるの』

Miguel Tanco 作

福本友美子 訳

ほるぷ出版

　私は，子どもの頃，高速道路にある目的地までの道のりが書かれている看板が好きだった。それは，目的地までの所要時間を考えるのが楽しかったからである。

　最初は「時速100kmで走っているから30分では50km進むだろう。目的地までは150kmだから，後1時間半ぐらいで着くはずだ」と速さや時間等の関係を捉え，比例を仮定して，到着するまでの所要時間を考えていた。次第に「6分で進むのは10kmだ」「時速120kmは，1分で2km進むから，目的地までの所要時間が正確に予想できる」と考えるようになった。まだ自家用車にナビが普及していない時代のこと，所要時間が分かる素晴らしい発見をしたと思い，家族に話したところ「息子は何を言い出したのだ」という目で見られた。

　この本には，数学の好きな主人公と美術が好きな父親，生物の好きな母親，音楽の好きな兄の日常が書かれている。この家族の日常に触れた子どもたちは，きっと，自分の好きなことで夢をかなえようとする。また，自分の見方で世界を見ることに自信をもつとともに，他人の見方を認めることができるようになる。

　私はこの本を読み，家族には数学以外の好きなことがあり，その見方で世界を見ていたことに気付くことができた。子どもたちには，よりよい人生を送るために，自分の価値観が大きく広がり，豊かになる本とたくさん出合ってほしい。

（福島県福島市立荒井小学校　矢野　浩）

# おもしろ問題

# かけ算作りを通して

静岡県熱海市立桃山小学校　植松　仁

## 1 授業の始めにかけ算作り

授業の初めの数分間を使って「かけ算作り」を行っている。4月から何回目の算数授業かをカウントしているので，その数をかけ算で作る活動である。約束としては○×□と□×○は同じ物と見なす。1を使えるのはその数×1の時だけ。○×□×△のようにかけ算を複数使っても良いという3つ。これは以前筑波OBの細水先生が行っていたものを真似て取り入れたものである。かけ算の習熟やわり算の商を立てる力を，ただ計算練習するのではなく遊びの要素も入れながら行おうというものである。

## 2 予想する活動が生まれる（中学年）

かけ算で作る数が二桁になってくると子ども達も活動に慣れてきて様々なことを考えるようになる。

数が大きくなればできるかけ算も増えると単純に考えていた子達が，実際作ってみるとそうなるとは限らない。数が大きくなっても「その数×1」のかけ算しかない場合があること等を経験する。まだ素数を学習していない子ども達は「一人ぼっちの数」などと呼んでいた。回数を重ねる毎に「奇数より偶数の方が多いはずだよ。」「12の時が多かったじゃん，だったら24も多いんじゃない？」とこれまでの経験をもとに予想する子も現れた。

## 3 落ちがないようにするには

授業を重ねるにつれ数も大きくなり，でき

るかけ算も10を超える場合が現れる。そうなると2口のかけ算，3口や4口のかけ算を全て見落とさずに考えているのかが問題となってくる。「どうしたら忘れ物をしないでかけ算ができるかな」と投げかけると，○×1，□×2，×3はできないから△×4のように乗数を1から順に並べていく工夫が子ども達から出された。6年生の「並べ方と組み合わせ方」に通じる考え方である。

## 4 本当にこれ以上はないの？（高学年）

あるとき6年生に「本当にもうもうこれ以上かけ算は無いと言い切れるの？」と問いかけてみた。これまでは子ども達が「もう無い。」というと教師が確認して終わりにしていた。子ども達は「どんなに考えてもこれ以上はかけ算が無い」と答えたが，その表情は自信なさげであった。そこで，「○○だからもう無いという様な証拠は無いかな。」と投げかけると，ノートを必死にめくっていた子が「これまでの結果を見ると，素数だけでできたかけ算が出たらそれでおしまいになっている。」とつぶやき，他の子も確認した。子ども自らが帰納的な思考を働かせて決着を付けることができた。

このように授業はじめの数分で行うかけ算作りだが，子どもの困り感や気付きを利用して主体的に思考する場面を生み出すことができた。

## 訪ねてみたい算数スポット

**SPOT-13**

### おでってくなんせ　盛岡わんこそば　食べさ！

岩手県盛岡市立緑が丘小学校　沼川卓也

2023年1月12日付 The New York Times「52 Places to Go in 2023」に盛岡市が取り上げられ，盛岡市民は歓喜に沸いた。その魅力の1つとして取り上げられたのが「じゃじゃ麺」「冷麺」と並び三大麺として PR されている「わんこそば」である。お客さんをもてなす際，豪華な料理は出せないが，せめて茹でたてのそばをお腹いっぱい食べてほしいという願いでそばを振る舞ったことが始まりと言われる，地域に根付いている伝統の名物料理だ。盛岡市には複数カ所，わんこそばを味わうことができる店舗がある。お給仕さんが，「はい，どんどん。はい，じゃんじゃん」という威勢のよい掛け声とともに，リズミカルに手元のお碗にひと口分ほどの蕎麦を入れてくれる。それを満足いくまで食べる。空のお椀がテーブルの上に次々に重なる様は，圧巻である。わんこそば開始前に伝えられる情報が次のとおりである。

- ・わんこそば15杯で通常の蕎麦の1人前
- ・男性は平均60杯，女性は平均30杯食べる
- ・わんこそば大会は15分間で何杯食べるか競う
- ・大会の歴代最高は男性632杯，女性411杯

男女平均杯数は通常の蕎麦の何人前か，大会の歴代最高の男女は1分あたり何杯食べるか，1杯あたり何秒で食べるか，わんこそば1杯は多少量の差があるが15杯を本当に1人前としてよいか，歴代最高の人がもし30分間食べ続けたら2倍の杯数でよいか等，平均，単位量，割合を考えることができるわんこそば。2023年以降も是非盛岡に足を運び，わんこそばで算数を実感していただきたい。おでってくなんせ盛岡わんこそば食べさ！

**SPOT-14**

### しじみの宝庫島根，数の世界でしじみを探究！

島根大学教育学部附属義務教育学校　中尾祐子

健康と美容の味方「しじみ」。今回は，しじみの漁獲量に着目し，算数でその魅力を探ってみる。

#### ～全国のしじみ漁獲量を一望～

統計データによれば，全国のしじみ漁獲量は年々増加傾向にある。これを視覚的に表現するのにぴったりなのが，棒グラフだ。2019年から2022年の4年間での漁獲量推移を見ると，驚くべき伸びがうかがえる。

また，都道府県別に円グラフで表すと，2018年の島根県のしじみ漁獲量は4177 t で，日本一。全国の漁獲量の4割以上を占める。

#### ～島根県の誇り，宍道湖と神西湖の競漁！～

次に，島根県内での漁獲量にフォーカスする。島根の中で有名な漁場が2つある。2012年の漁獲量は面積79.1 km² の宍道湖が1700 t で，面積1.35 km² の神西湖の174 t を圧倒する。しかし，1 m² あたりの漁獲量で比べると，神西湖が優れる。この順位が逆転したのは，昨年度である。また，月ごとの漁獲量変動を折れ線グラフで表してもおもしろい。

データ比較から，なぜ特定の時期にしじみが豊富になるのか，年によってなぜ漁獲量が増減するのかなど，その背後に潜む謎に問いが生まれる。

#### ～データから見えてくるしじみの物語～

算数を通じて得た情報をもとに，しじみの生態や漁師たちの営み，漁業協同組合の資源保護の取組に光が当たる。

他教科や総合的な学習の時間など，探求の世界へと誘ってくれる，しじみの可能性は無限大。

（データ提供：宍道湖漁業協同組合・神西湖漁業協同組合）

## 授業設計　発する言葉を少なくする

青山　尚司

### 1 授業をゴルフに例える

若いころ，同学年を組ませていただいていた先輩に，「授業をゴルフに例えるとよい」ということを教えていただいたことがある。

ホールのカップインを授業の完結と考えると，最後のパットが，子どもたちからまとめの言葉を引き出す発問にあたる。そして，そのまとめにつなげる発問を発するには，ボールがグリーンに乗っていないといけない。そうすると，グリーンにのせることができる位置にボールをもっていく必要がある。実際のゴルフのように，まずどこまで飛ばしてその後何打でグリーンに乗せるのかという感覚で，発問の内容と数を吟味していくのである。

以下，具体的な授業場面で考えてみる。

### 2 どれだけ打つ必要があるか

第5学年の面積の授業で，「台形の面積の求め方を考えよう」という第1打を放って自力解決に入ったとする。

台形に対角線を引いて，2つの三角形に分ける子（A），台形の両端の出ている部分を切って，凹んでいる部分にはめることで長方形にする子（B），高さが半分の所で上下に分けて上の部分をひっくり返して下にくっつけることで平行四辺形にする子（C），合同な台形を2つくっつけることで2倍の面積の平行四辺形にする子（D）など，多様な方法が出てくるであろう。

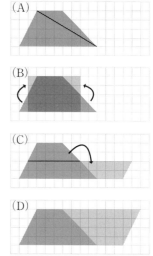

この第1打がどこにどのように飛んでいくのかは，平行四辺形や三角形の求積場面で，求積方法が既習である図形に帰着させるよさを実感できているかが大切となる。

また，子どもたちが考えた求積方法を比較検討する中で，それぞれの妥当性を問う第2打を打つかもしれない。それを打たずとも子どもたち自身で説明し合うことあれば，逆に第3打，第4打と続けて打つ必要が出てきてしまうかもしれない。

やはり前時までに，子どもたちの力で求積方法を説明し合い，公式に結びつけてきた経験があれば，教師が発する言葉は少なくて済む。逆に，教師が主導で説明してきた場合は，ここでも言葉が多くなり，この先の授業もそのようになっていくであろう。

### 3 まとめから第1打を見直す

グリーンにのってから放つパットにあたるのは，公式化につなげる発問である。そのパットを成功させるには，それぞれの式を見直した時に，「上底」，「下底」，「高さ」，そして，「÷2」という共通項を見出すことができるように板書をしておくとよい。具体的には，それぞれの式を以下のようにまとめておくことが考えられる。

（A）9×4÷2+3×4÷2

　= (9+3) ×4÷2

　2つの三角形の求積式をまとめている。

（B）(9+3) ÷2×4

　台形の幅を均して6cmにしている。

（C）(9+3) ×4÷2

　半分の高さをかけている

（D）(9+3) ×4÷2

　同じ台形2つ分の面積を2等分する。

（C）や（D）は，そのままでも意味が通じやすい。しかし，（A）は底辺をまとめておくこと，（B）は平均の考えを用いていることを意識づけると意味が伝わりやすくなるであろう。効果的な板書によって，式の共通点を見いだしやすくすることは，公式化というまとめにせまるパットの距離を縮めるのである。

そう考えると，「面積の求め方を考えよう」という第1打を放つ際に，「台形の面積を求める公式も作ることができるのかな？」という子どもの思いを引き出しておくことも大切

である。もっといえば，それ（公式化できるか）を第1打にしてしまうことも考えられる。最初から公式化を意図した展開になっていれば，まとめの段階での，取ってつけたような発問がいらなくなるからである。また，求積方法は異なっていても，式を同じ形にまとめる意識をもって取り組む子どもたちの姿を引き出すことができるからである。極端なことをいえば，第1打だけで，あとは子どもたちが自然とまとめに向かっていくことができるように言葉を選ぶことが大切なのである。

### 4 できるだけ少なく，効果的に

実は，自分はゴルフをやったことがない。しかし，授業設計をゴルフに例える先輩の話は今も思い出すことが多い。なぜならば，ゴルフはできるだけ打数を少なくする競技であり，授業もできるだけ教師の言葉を少なくするべきであると考えるからである。

しかし，振り返ってみると，バンカーにはまって何回打っても脱出できずに這いまわったこともあった。池ポチャで打ち直さざるを得ないこともあった。そんな時に起死回生のスーパーショットを打つ力があったら良かったのであるが，そんな都合の良い一打はそうそう生まれるものではない。

偶然性に頼るのではなく，一打一打に意図を込めて発問を刻むことが大切である。

そう考えることによって，教師が発する言葉の数は自ずと少なくなっていくのである。

<table>
<tr>
<td>

を<br>
も<br>
師<br>
教<br>

数<br>
る<br>
ど<br>
子<br>

算<br>
創<br>
子<br>
と<br>

</td>
</tr>
</table>

を<br>
も<br>
師<br>
算<br>数<br>を<br>
創<br>る<br>も<br>
子<br>ど<br>師<br>
と<br>も<br>教<br>

# 計算のきまりを意識して，
# かけ算の筆算を創っていく

連載◇第14回

田中英海

## 1 筆算を創り出す過程

筆算は，最終的に形式を教えることになる。とはいえ，既習とのつながりを意識して，それらを基に新たな知識を創り出したと実感させたい。創り出す過程は，形式の意味を理解することにもつながる。ここでは，たし算の筆算をもとにかけ算の筆算を創り出す事例を紹介する。

## 2 同数累加の経験を活かす

「1つ23円のチョコを買いました。ピ！ピ！ピ！ピ！ピ！」と問題を読みながら書いていくと，「ピ！」がレジでバーコードを読み取る音であることを想起した反応があった。さらに「ピ！」の回数でチョコを6個買ったことを確認した。そして「レシートが長く出てきました」と板書すると，「えー？」という驚きと共に「分かった！」とレシートの絵をかき始めた。たし算の筆算につながるよう

に，位ごとに分けて書いている子にレシートを板書させた。長いレシートのイメージを共有した後，「合計は何円か？」を問題とした。短いレシートだとかけ算だよという反応にも触れて自力解決に入った。

23を縦に6つ連ねた筆算を書けるかは，子どもの既習や経験に関わる。教科書にはないが1年「3口のたし算ひき算」の単元で4口や5口の式でもかけることに触れたり，2年「たし算の筆算」で3口以上の筆算を扱ったりしておくとよい。それらは2年「かけ算」で，$3 \times 6 = 3 + 3 + 3 + 3 + 3 + 3$と同数累加の式に表すことにつながる。こうした経験がない場合は，縦にかく筆算を教師から示すとよい。

$23 + 23 = 46$，$46 + 46 = 92 \cdots$と2つずつ計算する考えに対して，面倒さを感じた子が，一の位$3 \times 6 = 18$，十の位$2 \times 6 = 12$と，位ごとにかけ算して答えを求めた。分配法則を使っ

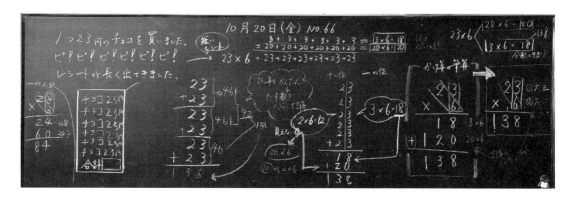

て，位で分けて計算していることと同じである。連なったたし算の筆算を基に，かけ算の筆算の部分積の表現を押さえた。先行して，かけ算の筆算を知っていた子ほど，たし算の筆算と同じようになっていることに驚いていた。その後，かけ算の筆算の表現を確認した。

### 3 計算のきまりを活かして創る

次時は「217円のひでみのマーチをいくつか買います。ピ！ピ！ピ！ピ！　レシートが・・・。代金はいくらでしょう」と前時と同じ文脈で問題提示した。レシートの長短を示さないことで，長くなった場合と短くかけ算で表されている反応を引き出すことができた。217＋217＋217＋217の同数累加の筆算では，位ごとにかけ算して$7×4＝28$，$1×4＝4$，$2×4＝8$とする意見が出た。この時，意図的に4を1の位にかくと「先生ちがう！」という突っ込みが入った。この時間に大事にしたい$1×4$の元は10という意見や，⑩が$1×4$と位を単位とする見方につながった。さらに式で$10×（1×4）$と表せると発表があった。結合法則を想起させ$10×4$への式の表現を変えた。百の位と一の位も$100×（2×4）＝200×4$や，1

$×（7×4）＝7×4$と形式的な計算から，位ごとの意味をつかんでいった。これらをもとに3桁の筆算も部分積で表現していった。部分積の表現は×2位数以上の筆算の表現につながる。

### 4 計算のきまりを意識させる

3年の第1単元で，かけ算のきまりを扱う。交換法則，結合法則，分配法則など，九九表から見つけてきまりが成り立つのを確かめるだけでは，何のためにそれを学んでいるかが見えにくい。事例で示したように，大きくなった数のかけ算を既習のかけ算にするためには，主に分配法則や結合法則を使っている。令和6年版の教科書では，"かけ算のきまり"とせずに，分配のきまりや結合のきまりと具体的に示した会社もある。教師が解決の背景にある上のきまりに目がいくようにしたい。式表現や式変形は難しいが，数をどのように見るのか，等式が変わっていく過程は，教師が適宜見せていきたい。数が大きくなってもきまりが成り立つだろうという仮説のもとに，大きな数の計算や筆算について考え創り出す子どもに育てたい。

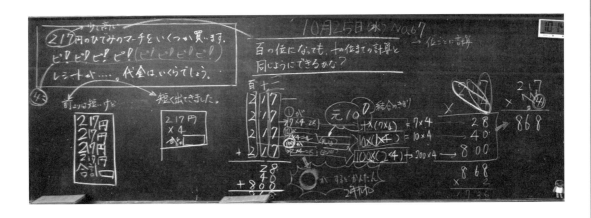

TANAKA Hidemi

AOYAMA Shoji

MORIMOTO Takashi

OHNO Kei

NAKATA Toshiyuki

SEIYAMA Takao

NATSUSAKA Satoshi

# 趣味 の 割合

# 円，半円，四分円の割合
## ―「半径×半径」の何倍か―

青山尚司

## ❶ 円，半円，四分円の面積比較

円の面積の学習で，半円や四分円の面積の求め方を考える時間がある。ここで，求積公式を用いて求めた円の面積を二等分，四等分するだけではどうにもつまらない。そこで，次のような提示を考えてみた。下の3つの図形に，面積の大きさで順位をつけるとどうなるかを問うのである。読者の皆様にはどう見えるであろうか？

実際の授業では，「B→C→A」,「C→B→A」,「3つとも同じ」,「BとCが同じで次がA」と4つの予想が子どもたちから出された。

「半径が何 cm か知りたい」というので，スクリーン上の図形にマス目を入れ，Aの円は半径2 cm，Bの半円は半径3 cm，Cの四分円は半径4 cm であることを明らかにした。「やっぱり同じじゃないの？」と反応する子がいたが，少し計算の時間を取ると，それぞれの面積が以下のようになることが共有されていった。

A　$2 \times 2 \times 3.14 = 12.56$ （cm²）

B　$3 \times 3 \times 3.14 \times \dfrac{1}{2} = 13.14$ （cm²）

C　$4 \times 4 \times 3.14 \times \dfrac{1}{4} = 12.56$ （cm²）

## ❷ 半径が2倍になると面積は？

結果はBが最も大きく，AとCは同じ面積である。「やられた！」という子どもたちと，見た目に騙されたことを笑いながら，「でもなんで，AとCは同じになるの？」と問いかけてみた。するとある子が，「半径が2倍で面積が$\dfrac{1}{4}$だから」と話しながら，「あれ？」と止まった。「それじゃおかしいよ」,「合ってるよ」という反応があり，同じになる理由をノートに整理する時間を取った。その後，「半径を2倍にすると，『半径×半径』は4倍になる」,「四分円は円の$\dfrac{1}{4}$だから，4倍と$\dfrac{1}{4}$で打ち消し合って同じになる」という説明が引き出された。

## ❸ 「半径×半径」の何倍かで考える

ここである子どもが「Bだけ規格外ってこと」と言い，それに対して「規格って何？」という質問が出た。するとまた別の子が，「Aは円だから，半径×半径×3.14でしょ？

で，Bは半円だから，$\times 3.14 \times \dfrac{1}{2}$で半径×半径×1.57ってことなのね。で，Cは$\dfrac{1}{4}$だから，$\times 3.14 \times \dfrac{1}{4}$で，半径×半径×0.785になるわけ」と板書しながら話し始めた。そして，「3.14を1とすると，1.57は$\dfrac{1}{2}$で，0.785は$\dfrac{1}{4}$だから，半径×半径の部分を，Bは2倍にして，Cは4倍にすれば面積が同じになるのね。

でも，Cみたいに4倍だったら半径を2倍にして，2×2で4倍にできるけど，Bは面積を2倍にするために半径をどうしたらいいかって考えても，2つ同じ数をかけて2にできないから同じ面積にできない」と続けた。長い説明であったが，子どもたちは，「おー」，「確かに」，「なるほど」と共感的に耳を傾け，説明が終わると拍手が広がっていった。そして，半径を2倍の長さにすると，面積が4倍になるため，その図形の$\frac{1}{4}$が同じ面積になることを共有した。

## ④ Bの半円と同じ面積の図形は？

「じゃあ，Bと同じ規格ってあるのかな？」という声が聞こえた。「同じように半径を2倍にすればいいじゃん」という子もいる。「じゃあ，Bと同じ面積の図形を描くことができるかな？」と問い，試行錯誤の時間をとった。多くの子は，Bの半円の半径を2倍の6 cmにすると，『半径×半径』が6×6＝36となり，これがB（3×3＝9）の4倍になっていることから，半径6 cmの半円を$\frac{1}{4}$にすれば，半径3 cmの半円Bと同じ面積になると考えた。そして，半円の$\frac{1}{4}$であることから，円全体を1とすると$\frac{1}{8}$の大きさとなる右のおうぎ形を見出し，その中心角が360度の$\frac{1}{8}$である45度になることを確認した。

45°
6cm

中には，半径を3倍にすれば面積が9倍になることを使って，半径が9 cmで，中心角が半円の180度の$\frac{1}{9}$の20度となる右のおうぎ形を見出した子もいた。

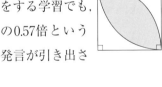

20°
9cm

## ⑤ 面積を割合捉えたくなる提示

面積の比較を促すと，子どもは素直に求積をし，その数値で比べようとする。しかし，そこに形は異なるが，同じ面積となる図形のペアを入れておくことで，同じになる理由を探る学習に発展させることができる。そして，式に立ち返って，構造や数量関係に着目して説明をする子どもの姿を引き出すことができる。さらに，その構造や数量関係を別の場合にも適用しようとすることにまでつなげることができると授業が面白くなる。

この授業で子どもたちは，円，半円，四分円それぞれに，半径を1辺とした正方形に対する割合（面積率）があり，それらの面積は，「半径×半径」の大きさに面積率をかけた積となっていることを見いだした。このことによって，右のようなラグビーボールの形の求積をする学習でも，「半径×半径」の0.57倍という見方で捉え直す発言が引き出された。

このように，求積の学習には，ある部分を1とみたときに着目すべき部分がどれだけにあたるかという，割合の見方・考え方を働かせる姿を引き出すよい機会がたくさんある。今後も，そのような視点で，教材研究と子どもたちとの授業を楽しんでいきたい。

TANAKA Hidemi
AOYAMA Shoji
MORIMOTO Takashi
OHNO Kei
NAKATA Toshiyuki
SEIYAMA Takao
NATSUSAKA Satoshi

# 「広げる」ことを意識して，教師が言葉を選択していく

森本隆史

## ◆子どもが自立するためには

　キーワードがたくさん聞こえてくることは珍しいことではない。「自由進度学習」など，言葉だけでイメージすると，子どもたちが勝手に学んでくれるようにも聞こえてしまう。しかし，そんなことは難しいだと現場はわかっているはずである。

　子どもたちが自立して算数を学ぶために，何ができるのか。それは，日々の授業で学び方を学ばせることしかないのではないかと考えている。特にわたしが大切だと思っているのは，子どもたちが自分で算数を広げるということである。

## ◆1年生でも「学び方」を学ぶことができる

　子どもたちが算数を広げていくためには，算数は広げることができるということを授業の中で，何度も子どもたちに経験させていく必要がある。

　「7のときはできたけど，同じことは5のときでもできるのだろうか。5でもできたとすると，6でも9でもできるのかもしれない」などと，子どもたちが考えられるように育てていきたい。

　そのようなことを意識できるのは，高学年だけではなく，1年生でもできる。少しずつ学び方を学んでいけばよい。

## ◆1年「ひき算」

　1年生に次のような問題を出した。このような実践は過去にもたくさんあるが，わたしが意識したいのは，どのような授業展開をすれば子どもが広げるようになるのかという点である。

> 1□－○＝7　になるような式を作ろう

　□と○に入る数は，0～9であることを子どもたちに伝えた。子どもたちにこのような問題を出すと，はじめはいろいろな式をバラバラにノートに書く子どもが多い。

　・$10-3=7$　・$15-8=7$　・$11-4=7$

　このように書いていくと，おちや重なりがよく出てくる。そのようなことをしていると，「いい方法がある」という声と共に，ひかれる数とひく数が1つずつ増えていくように書くと，おちや重なりが出にくくなることを子どもが気づいていく。

　その結果，右のように式が7つあることを子どもたちが見いだしていった。わたしのクラスで授業をしたときには

| |
|---|
| $10-3=7$ |
| $11-4=7$ |
| $12-5=7$ |
| $13-6=7$ |
| $14-7=7$ |
| $15-8=7$ |
| $16-9=7$ |

ここまでで1時間かかった。1年生の内容は，

そこまで多くはないので，ゆっくりと時間をかけて全員がわかるようにしていく。

次の時間，1年生の子どもたちに算数の学び方を学ばせたいという思いから，次のような問題を出した。

1□ − ○ = 5　になるような式を作ろう

答えを5にしたのは，式が5つしかできないからである。式を全部みつけるまでにあまり時間をかけたくなかった。

答えが7のとき式は7つ，答えが5のときは式が5つということを，子どもたちに気づかせることが最優先だった。

全部で式が5つあるということを全員で確認すると，何人の子どもが「気づいたことがある」と，手を挙げた。指名すると，
「答えが5のときは式が5こある」
と言った。気づかせたいことを言ってくれたのだが，すぐに全員が理解できるわけではない。発言した子どもが何を言いたいのかを，しっかりと時間をかけて共有していった。

答えが5のときは式が5こあるということを共有したとき，ある子どもが，
「昨日もそうだったよ」
と言った。「『昨日もそうだった』って，どう

いうこと？」と，尋ねると，
「答えが7のときは式が7こあった」
と言った。多くの子どもが前の時間のノートを見て「本当だ。おもしろい」とつぶやき始めた。この瞬間，言葉を吟味した。子どもたちに広げさせたいので，あえて限定する。
「おもしろいけど，答えが5のときと，答えが7のときだけじゃないかな」

この言葉にすぐに子どもたちが反応した。
「いや，他の数でも同じになるかもしれない」
「試してみようか。どんな数で試す？」
と尋ねると，4，6，9など，口々に数を言う。そこで，すぐに確認できそうな「4」を教師が選択した。やはり，答えが4のとき，式が4つになった。ここでも言葉を考えた。この1年生たちが学び手として自立していくためには，どのような言葉をかけるべきか。
「もしもこの後，『一人でお勉強しなさい』と言われたら，何をノートに書きますか？」
わたしの言葉に対して，
「今は，4と7と5になる式を作ったから，今度はちがう答えになる式を作りたい」
「例えば？」「答えが6になる式を作りたい」
「ぼくは8」「1とか0もやってみたい」

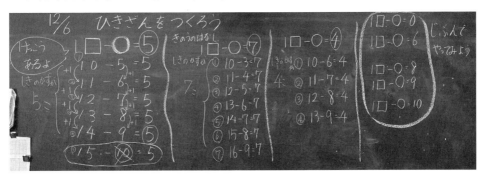

TANAKA Hidemi

AOYAMA Shoji

MORIMOTO Takashi

OHNO Kei

NAKATA Toshiyuki

SEIYAMA Takao

NATSUSAKA Satoshi

# 「平行」を捉えようとする心の働きを育てる(2)

―2年「三角形と四角形」における，敷き詰めの活動を通して―

## 大野　桂

## 1 実践のねらい

ここで紹介する実践の最終的なねらいは，「一般四角形が敷き詰まる根拠には，平行の存在があることを見出させる」である。それを3時間扱いで行った。

具体的には，一般四角形の敷き詰めの図に，次のように平行線を引くことで，実は一般四角形が敷き詰められる理由は，「異なった2つの三角形の敷き詰めを組み合わせた図形」に気づかせることである。

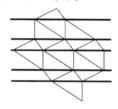

実践にするにあたっての教材研究の概略は，本誌前号を参照いただければと思う。

## 2 「平行」の扱いについて

ちなみに，「平行」の学習は，算数のカリキュラムの上では第4学年で学習することになっている。しかしながら，「平行」は図形の構成要素や関係を捉える際，そして問題解決進める際に極めて重要となるため，早い時期から「平行」について学習をした方がよいと考えている。そこで，1年「色板あそび・身の回りの形」で，「へいこう」という用語と意味を次のように扱った。

示した板書は，1年生で一般的に行われて

いるブロックの積み重ねである。ブロックを積み上げるためには，「たいらを上下にする」といった子どもの立体へのみえ方を取り上げながら，「へん」「めん」という図形の構成要素と，面と面，辺と辺の関係のことを捉えさせていった。

そして，この学習をもとに，次時，次の板書に示すように，「面と面がへいこう」という「平行」の用語と意味の指導を行った。

さらに次時，平面図形においても「平行」を捉えさせるために，「色板あそび」の活動で，2枚の三角の色板を組み合わせることで，「へいこう」ができるかを見出す活動を行った。

このように，この後述べる本実践は，前提として，1年生の学習で，曖昧ではあるが，

「平行」の用語と意味の指導を行った上で行われているということをつけ加えておく。

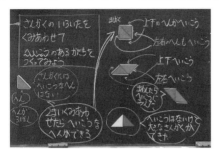

それでは実践の具体を述べる。

### ③ 2年「三角形と四角形」における「敷き詰め」の授業の実際

#### (1) 第1時 「敷き詰め」の意味の確認と正方形・長方形の敷き詰め活動

本実践における「敷き詰め」の活動は3時間扱いで行った。第1時は，「敷き詰め」の意味を確認することを学習した。「敷き詰め」のルールについては，「同じ形を敷きつめる」「辺と辺がずれることなくぴったりとくっつくようにする」「敷き詰めるときには隙間があってはいけない」と3つの点を確認した。

そして，「かんたんに敷き詰められそうな形はあるかな」という課題提示で学習は展開されていった。間髪入れずに「正方形」「長方形」という発言が返ってきた。

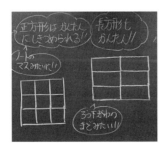

ここで，「なんで正方形・正方形はしきつめやすいのか」を問うと，「むかいあう辺が同じ長さだから」「角が直角だから」と見出していた。つまり，この時点では「平行」は「敷き詰め」の根拠としてはまだ見出されていないことが分かる

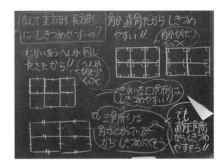

板書が示しているように，「三角形は角がとがっているからしきつめにくそう」「でも，直角三角形なら敷き詰めやすそう」という意見が出たので，次時，直角三角形の敷き詰めに取り組ませました。

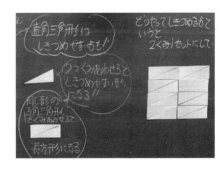

このように，「直角三角形は2枚組み合わせると長方形になる」を見出し，直角三角形が敷き詰まることを明らかにした。ただし，この時点でも「平行」は見出されていない。

そしていよいよ第3時である。

「しきつめにくそう」と言っている一般三角形の敷き詰めに取り組ませる。この活動によって「平行」がクローズアップされてくる。それは次号に示させていただく…。

TANAKA Hidemi　AOYAMA Shoji　MORIMOTO Takashi　OHNO Kei　NAKATA Toshiyuki　SEIYAMA Takao　NATSUSAKA Satoshi

# パソコンで敷き詰め模様
## ― 2年「三角形と四角形」―

中田　寿幸

　2年生とデジタルスクールノートを使って，敷き詰め模様を作っていった。

　1年生のときに直角二等辺三角形の色板で敷き詰める経験はしてきた。敷き詰めて家やロケットなどを作ることもしてきた。

　2年生になって新しく正方形を学んだ。この正方形を敷き詰めてみる。

　デジタルスクールノートの画面に正方形を1枚置く。スクリーンを見ながら，子どもたちも正方形を置いていく。

　「辺と辺がぴったり合うように置いていきます」と2枚目を置いて見せる。

　すると子どもたちは3枚目，4枚目と自分の思うところに置いていく。

　はじめは横に1列に並べる子が多い。

　しかし，友だちの画面を見て，上や下に並べる子が増えてくる。こうして，平面が広がっていくことを体感していく。

　2年生の敷き詰め模様づくりはこの平面が広がっていく感覚を味わわせたいと思う。

　パソコンを使う前は詰め模様を作るとなると，折り紙で同じ形を切り出して，台紙に並べて作ることをしていた。しかし，この作業は2年生にとってはとても難しく，きれいに敷き詰め模様を仕上げようと思ったら，折り紙のサイズをそろえたり，台紙にます目をつけたりと，教師から指定することが増え，子どもは黙々と作業をするだけになっていた。

　ところが，パソコンになると，同じ形，同じ大きさの正方形がすぐにコピーできる。辺と辺を合わせるのに，難しさもあるが，糊をつけて，貼り合わせていたことを考えると，簡単に敷き詰めていくことができる。

　次々に並べられる正方形が増えていくと平面が広がっていくことに加え，出来上がっていく模様の美しさを感じていける。

　パソコンのいいところは色を簡単に変えることができるところでもある。

　同じ色の正方形を隣に置くと正方形2枚で長方形に見えてしまう。

　しかし，これも学ぶチャンスであり，正方形2枚，3枚とつながると長方形になっていくことを実感していける。

　正方形4枚で正方形になることに気付くと，9枚でも正方形，16枚でも正方形と平方数に触れてい

くことも容易にできる。

アナログの折り紙では最終的にできあがる模様に向けて、貼り付けていく作業

だったが、パソコンでは正方形を置きながら、その形が変わっていくことを一人一人が容易に確かめていくことができる。

子どもたちが敷き詰め模様を作っていく様子は教室正面のスクリーンに映しておく。友だちの作る敷き詰め模様のいいところを見つけたら、新しいページで作り直すのもいいし、今作っていく模様を修正していくのもいい。これも1人1台端末で作成していくよさである。

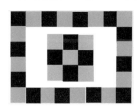

正方形を敷き詰めずに、間を空けて置いている子どもがいた。「これは正方形を敷き詰めていません」と全体に紹介した。

「きれい！」とまずは敷き詰められた模様の美しさを感じることができた。そして、「敷き詰めていないけど、白い正方形を敷き詰めたように見えるよ」という意見が出された。私からは「こういう模様を市松模様と言って、今から1000年以上前から日本にあった模様です」と教えた。

色を変えるとアニメのキャラクターの服の模様になるそうで、同じものが自分で作ることができることを楽しんでいた。

この後、これまでに学習してきた長方形、直角三角形でも、同様に模様づくりを楽しんでいった。

三角形4個で大きな三角形ができること。

三角形9個でさらに大きな三角形ができる。16個でもできるけど、画面からはみ出してしまい、台形ができてしまった子がいた。

長方形を敷き詰めても、やはり長方形ができてくることも見いだした。三角形を屋根のようにつけたが、このところは敷き詰め模様にはなっていないということは作った本人もわかっていたところであった。

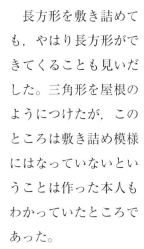

屋根を付けて家ができる。タイヤをつけたら車になる。2年生の子どもたちは敷き詰め模様にいくつかの図形を加えて、形づくりを楽しんでいた。

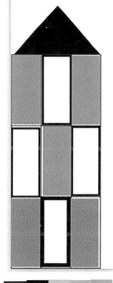

敷き詰め模様を組み合わせて作った作品や、正方形の敷き詰め模様の中に三角形を入れた作品も作り出されていった。

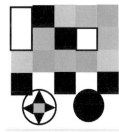

TANAKA Hidemi
AOYAMA Shoji
MORIMOTO Takashi
OHNO Kei
NAKATA Toshiyuki
SEIYAMA Takao
NATSUSAKA Satoshi

# 面積の公式を切り口に図形の性質を考える
## ―5年生　面積―

盛山隆雄

## 1 教材の考え方

5年生までに正方形，長方形，平行四辺形，三角形，台形，ひし形といった図形の面積の求め方について考え，6つの図形の求積公式について学習する。

これらの図形を，台形の面積の公式をもとに見直してみることを提案する。台形は，1組の向かい合う辺が平行な四角形である。正方形，長方形，平行四辺形，ひし形は，この条件を満たし台形の仲間に含まれるので，台形の面積の公式を使って面積を求めることができる。

この背景には，図1のような四角形の包摂関係が存在している。包摂関係による図形の分類からは，たとえば平行四辺形のある命題が真であれば，それは正方形や長方形，ひし形においても真であると言える，といった見方を得ることができる。

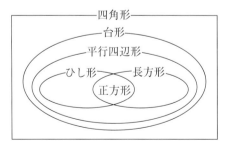

図1

図形の包摂関係については，中学校で学習

する内容になっているが，本時の授業は，台形の面積の公式を生かして，包摂関係を基礎とする図形の見方を豊かにすることをねらいとする（図1）。

## 2 （□＋□）×5÷2で面積は求められるか

上図を提示し，「（□＋□）×5÷2（□にはどんな数を当てはめてもよい）の式で面積を求められる四角形はどれでしょう？」と問うた。幅が5cmの平行線の中に正方形，長方形，平行四辺形，台形がある。

最初に予想として図形を選んでもらったら，台形を選ぶ子どもが7人，24人はすべての図形を選んだ。

解釈の活動として，台形を選んだ子どもの気持ちをみんなで考えた。ある子どもは，
「（□＋□）×5÷2の式は，台形の公式だから台形を選んだと思う。」
と答えた。7人の子どもたちは，うなずいた。

逆に，なぜすべての四角形の面積をこの式で求められると思ったのかも解釈した。

「すべての図形が2つくっつけると長方形か平行四辺形になるでしょ。その式が（□＋□）×5です。求めたい四角形はその半分だから÷2をします。だから，この式ですべて求められると思います。」
といった説明がなされた（図2）。

図2

解釈の活動をしたら，実際に確かめてみた。公式で求めた場合と，（□＋□）×5÷2で求めた場合の結果を比較すると，すべての図形で面積が一致した。

### 3 なぜこの式で求められるのか

このとき，子どもに問いが生まれた。なぜ（□＋□）×5÷2の式で提示したすべての図形の面積が求められるのか。

1つの説明は，解釈の活動のときに考えられた倍積変形の考えであった。提示された四角形は，すべて2つくっつけると長方形か平行四辺形になる。その面積は，「底辺×高さ」か「たて×よこ」で求められる。底辺または横の長さは（□＋□），高さまたはたての長さは5cmなので，（□＋□）×5で面積を求めることができる。面積を求めたい図形は，その半分なので÷2をする。だから，（□＋□）×5÷2で求めることができるという説明である。

次のような説明も現れた。包摂関係を表した図3をかき，「正方形も長方形も平行四辺形も台形の性質である1組の辺が平行という性質をもっているから」という説明であった。

この図は，4年生の四角形の学習の時に扱っていたので，既習と関連づけた考えであった。図形の相互関係を中心に学

図3

習した結果，つくられた図であった。

### 4 一般四角形の面積を求められるよ

最後に，次のように話す子どもがいた。「この式で一般四角形の面積も求めれるよ。」
本時は，時間がなくて扱えなかったが，この考えは，次のような意味をもっていた。

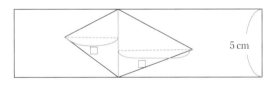
図4

図4は，一般四角形である。すべての四角形は対角線で三角形2つに分割される。分割する対角線の長さを5cmとして，2つの三角形の高さを□cmと見ると，すべての四角形の面積を（□＋□）×5÷2の式で求めることができる。台形の面積の公式で見直すことも意味があるが，この見方の方が，一般性が高いと考えることができた。

TANAKA Hidemi　AOYAMA Shoji　MORIMOTO Takashi　OHNO Kei　NAKATA Toshiyuki　SEIYAMA Takao　NATSUSAKA Satoshi

新たな「意味づけ」を創り出す授業

# 条件を整理しながら，考える道筋を見出す

## 夏坂哲志

## 1 問題集の問題を子どもの立場で見直す

問題集アイテム（著：筑波大学附属小学校算数部／発行：教育開発出版）の4年生p.16に，次の問題がある。

> 次のわり算の商が十の位からたつとき，□にあてはまる数字を全部書きなさい。
>
> 　　　56)□57

「商はどの位からたつでしょうか」と問われることは多いだろう。しかし，「商が○の位からたつための条件は？」と問われると，少しとまどってしまう。

上の問題の場合は，わられる数の5の上に少なくとも1がたつわけだから，□5 > 56であればよい。つまり，□は6以上の数ということになる。わられる数の一の位の数（7）は，答えに影響しない。

このように問題の意味を解釈できれば答えられる問題だと思うのだが，尋ねられていることが理解しにくい。また，条件にあてはまる数を，複数個答えるような問題を経験したことがない子にとっては，難しく感じられるのではないかと思う。

そこで，授業でこれに似た問題を取り上げ

てみることにした。ただし，そのまま出題したのでは題意が伝わりにくいため，問題の提示の仕方を少し変えてみようと考えた。

## 2 教材研究

### （1）数を変えてみる

左の筆算に見えている数は，56と57である。この数を変えたらどうなるだろうか。

① □57÷56の商が十の位からたつように，□の中に6〜9の数を入れて計算してみると，どの数の場合にも割り切れない。これがもし□52÷56であれば，□＝9のとき，952÷56＝17のように割り切れる。

② 56と57は近い数である。これを同じにしてみる。□56÷56とするのである。

□に6〜9を入れて計算してみると，その答えは次のようになる。

656÷56＝11あまり40
756÷56＝13あまり28
856÷56＝15あまり16
956÷56＝17あまり4

これを見て，面白いことに気づいた。□の中を1増やすと，商は2ずつ増える。そして，あまりは12ずつ減るのである。

わられる数が100増えて56×2＝112だからこのような変わり方をするのだが，このよう

なきまりにも気づくことができたらうれしい。

ただ，この数値の場合，子どもは「商の増え方」には気づくかもしれないが，「あまりの減り方」まで一定になっていることに気づけるだろうか。差がもう少し小さくなるようにした方がよいかもしれない。

### （2）商の百の位も考えてみる

左の問題では，商の「十の位」について尋ねているが，商の「百の位」「一の位」はどうなるだろうか。

「百の位」には，□の中にどんな数が入ったとしても商はたたない。一方，「一の位」は十の位に入る数によって変わってくる。

このことにも目を向けさせたい。

### ③ 授業の実際

右のように板書した。□の中に入れて，この筆算を完成させる問題である。

「十の位」だけを話題にするのではなく，4つの□のうちのどこか1カ所に何かの数を当てはめることによって，他の□がどのように決まっていくのかを考えさせてみたいと考えた。また，「あまりの減り方」を小さくするためにも，もとの問題の56を34に変えたのである。

子どもたちは，私に質問をしながら，問題の条件を整理していった。

はじめに，「答えの百の位は0じゃないと成り立たない」ということに気づいた子がいる。本当にそう言えるかどうか，他の子たちにも尋ねてみる。

Mさんは，「わる数の百の位に一番大きな9を入れたとしても，答えの百の位は0になるから」と説明した。

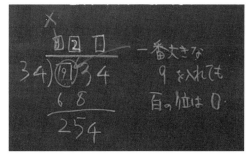

また，商の十の位の□に0は入れないことを伝えると，「だったら，わられる数の百の位には1と2と3には入らない」と気づく子もいる。言い方を変えると，「商が十の位からたつとき，わられる数の□（百の位）にあてはまる

数字は4〜9である」ということになる。このような考え方をすれば，冒頭で紹介したアイテムの問題についても答えられるだろう。

この後，わられる数の□に4〜9の数を入れた式をつくり，それぞれ答えを求めてみることにした。すると，3つか4つの計算を終えた頃から，「たぶん，次の答えがわかる」と言う声が聞こえ始めた。商が3ずつ増え，あまりが2ずつ減ることに気づいたようである。

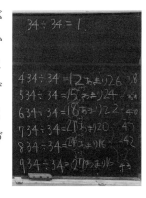

# ⓘ 算数授業情報

## 640

### オール筑波
### 算数スプリングフェスティバル

日　時：3月2日(土)，3日(日)

会　場：筑波大学附属小学校

授業者：田中英海，大野桂，盛山隆雄，
　　　　夏坂哲志

講演者：森本隆史

## 641

### 第22回『算数授業研究』
### GG ゼミナール（オンライン）

日　時：1月13日(土) 14:30～17:00

テーマ：授業を成功へ導く教師の問い返し

担当者：盛山隆雄，大野桂

時　程：

14:30～14:35　ゼミナール開会のあいさつ

14:35～15:25　対談型　授業協議（前半）

15:35～16:25　対談型　授業協議（後半）

16:25～16:55　質疑応答

形　態：Zoom ミーティング

主　催：東洋館出版社

申込み期限：1月12日(金)

## 642

### 冬季　全国算数授業研究大会(宮城大会)

日　時：12月2日(土)

会　場：仙台白百合小学校

ご参会ありがとうございました。

　次回2024年度は，1月18日に熊本大会を予定しています。

## 643

### 学習公開・初等教育研修会

主　催：筑波大学附属小学校
　　　　一般社団法人　初等教育研究会

日　時：2月10日(土)，11日(日)
　　　　9:00～16:00

会　場：筑波大学附属小学校

会　費：5,000円（対面・オンラインともに）

参加形態・申し込み方法：

　対面（先着順・定員あり）とオンラインでの参加（一部のみ）を準備しています。どちらも事前申込が必要となり，当日の参加申込はできません。詳細は，筑波大学附属小学校HP内「教育研究」→「研究案内」をご確認ください。HP内の情報は随時更新していきますので，ご注意ください。

※右のQRコードからアクセスできます。

時　程：

◆2月11日(土)

9:15～10:00　授業

1年　森本隆史「たすのかなひくのかな」(対面)

2年　大野桂「かけ算」(対面)

5年　盛山隆雄「割合」(対面・オンライン)

6年　青山尚司「比べ方を考えよう」(対面)

10:00～10:45　協議会

算数科分科会「図形　教育で育てたい力」(対面・オンライン)

11:00～12:00　公開授業

3年　夏坂哲志　「面積」

13：00〜13：45　協議会　司会：中田寿幸

パネリスト：森本隆史，青山尚司

13：45〜15：15　シンポジウム

司会：盛山隆雄

提案：田中英海，大野桂

　　　池田敏和（横浜国立大学）

15：15〜15：35　講演　清水美憲（筑波大学）

◆2月12日（日）

9：15〜10：00　授業

1年　森本隆史「たすのかなひくのかな」（対面）

1年　大野桂「計算のきまり」（オンライン）

3年　田中英海「□を使った式」（対面）

4年　中田寿幸「かんたんな割合」（対面）

6年　青山尚司「きまりを見つけよう」（対面）

10：00〜10：45　協議会

# 644

## 算数授業研究公開講座　in　大阪

日　　時：5月25日（土）

会　　場：大阪市立放出小学校

# 645

## 第9回　筑波大学・附属小中高等学校算数・数学科合同研究会

日　　時：6月30日（日）

会　　場：筑波大学附属小学校

授業者：盛山隆雄　他

# 646

## オール筑波算数サマーフェスティバル

日　　時：7月13日（土）・14日（日）

会　　場：筑波大学附属小学校

# 647

## 第52回　高知算数セミナー

日　　時：7月23日（火）・24日（水）

会　　場：高知会館

# 648

## 第36回　幡多算数セミナー

日　　時：7月25日（木）

会　　場：四万十市社会福祉センター

# 649

## 全国算数授業研究大会

日　　時：8月5日（月）・6日（火）

会　　場：筑波大学附属小学校

# 650

## 算数授業研究公開講座　in　沖縄

日　　時：11月16日（土）

会　　場：未定

## ⓔ 編集後記
editor's note

　皆様から頂いた玉稿を拝読しながら，先の見えない不安よりも，先の見えない楽しみが湧いてきた。これから先の算数授業をどう変えていくのか，楽しみになった。感謝である。

　150号は100号のような特別増刊号のような形にせずに，通常号の形の中で，でも区切りの号にしたいと考えていた。

　創刊号から100号までは18年かかっているが，101号から150号までは8年ちょっとである。そのため，100号のときの算数部のメンバーのうち，4人が残っている。この50冊発行の間に入ってきた新しいメンバーは3人である。その中でも一番若い田中は「AI時代に生きる子どもたちに育てたい力」の1つに「子ども同士でその子の追究に寄り添い，深めていく力」をあげている。田中の主張に大いに共感できた。

　50冊発行の間の表紙のリニューアルは101号からと125号からであった。編集に無理を言って，カラーで表紙の写真を入れてもらった。これは100号と同じ形式である。表紙を担当している佐々木先生の思いを表紙の絵と合わせて見ていただきたいと思う。

　本誌だけでなく，算数授業研究公開講座，全国算数授業研究会の記録の整理も行った。コロナ禍で中止になったり，オンラインになったりと研究会の様態も変化し，第何回になったのかがわからないままになっていたものも，ここで整理することができた。研究会等の整理をしていると，「新しいことに挑戦している」「楽しんでいる」「問題意識が変わってきている」等が見てとれた。さらに長いスパンでの変化の様子を見ようと思ったら，100号も合わせて読み返すことをおすすめしたい。

（中田寿幸）

## ⓝ 次号予告
next issue No.151

### 特集　「比例的に考える」子どもを育てる

　次号は「比例的推論」について特集します。比例的推論とは，「比例していると考える」推論ですが，そもそも子どもたちは，どの段階から，伴って変わる2つの量の間にそのような関係があると思っているのでしょうか。

　「比例的に考える」子どもを育てるために，わたしたちはどのようなことを意識して，授業をすればよいのでしょうか。比例的推論の大切さ，指導にあたっての問題点，留意点を明らかにした，理論と実践が満載の一冊にしたいと思っています。

## ⓢ 定期購読
subscription

　『算数授業研究』誌は，続けてご購読いただけるとお得になる年間定期購読もご用意しております。

■ 年間購読（6冊）5,292円（税込）
［本誌10%引き！　送料無料！］
■ 都度課金（1冊）980円（税込）
［送料無料！］

　お申込詳細は，弊社ホームページをご参照ください。定期購読についてのお問い合わせは，弊社営業部まで（頁下部に連絡先記載）。　https://www.toyokan.co.jp/

算数授業研究 No.150
2024年1月31日発行

企画・編集／筑波大学附属小学校算数研究部
発　行　者／錦織圭之介
発　行　所／株式会社 東洋館出版社
〒101-0054　東京都千代田区神田錦町2丁目9番1号
　　　　　　　コンフォール安田ビル2階
　　　　電話　03-6778-4343（代　表）
　　　　　　　03-6778-7278（営業部）
　　　　振替　00180-7-96823
　　　　URL　https://www.toyokan.co.jp

印刷・製本／藤原印刷株式会社
ISBN 978-4-491-05456-8　Printed in Japan

# 見やすい二色刷り

1 表とグラフ
2 たし算
3 ひき算
4 長さ
5 1000までの数
6 かくとくべつ
7 時こくと時間
8 三角形と四角形

## 本時案

### おはじきは全部で何個あるのかな？

11/11

**本時の目標**
・3口のたし算場面を通して、たし算の交換法則と結合法則が成り立つことや、式の中に（ ）を用いる意味を理解することができる。

**本時の評価**
・たし算の交換法則が成り立つことを理解することができたか。
・たし算の結合法則が成り立つこと及び（ ）を用いて式を表す意味を理解することができたか。

**準備物**
・おはじきの数を書いたカード

### 授業の流れ

**1 全部で何個あるでしょう？**

問題場面を提示し、おはじきの個数を書いた3つのカード（30、5、15）を見せる。子どもは、たし算の場面だと判断し、個数を求める式を書く。そしておはじきの数は、2つの式でも1つの式でも求められること、足す順番が変わっても答えは同じだということを確かめる。

何色のおはじきの数から足してもよいので、たし算の交換法則が成り立つ意味が理解しやすい。

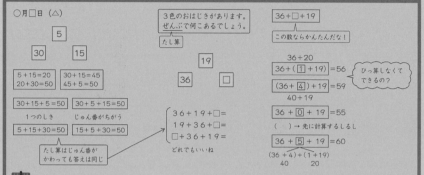

○月□日（△）

3色のおはじきがあります。
ぜんぶで何こあるでしょう。
たし算

5

30 15

| 5 + 15 = 20 | 30 + 15 = 45 |
| 20 + 30 = 50 | 45 + 5 = 50 |

| 30 + 15 + 5 = 50 | 30 + 5 + 15 = 50 |

1つのしき  じゅん番がちがう

| 5 + 15 + 30 = 50 | 15 + 5 + 30 = 50 |

たし算はじゅん番がかわっても答えは同じ

19

36

□

36 + 19 + □ =
19 + 36 + □ =
□ + 36 + 19 =

どれでもいいね

36 + □ + 19

この数ならかんたんだな！

36 + 20
36 + ( 1 + 19) = 56
(36 + 4 ) + 19 = 59
40 + 19

ひっ算しなくてできるの？

36 + 0 + 19 = 55

（ ） → 先に計算するしるし

36 + 5 + 19 = 60
(36 + 4) + (1 + 19)
40   20

**2 たし算は順番が変わっても答えは同じだから…**

19 + 36 + □
36 + □ + 19

もう1組のおはじきの数（36、□、19）を示す。ところが、1つの色のおはじきの数は決まっていない。後で数を決めることを伝え、1つの式に表すことにする。

**3 「36＋□＋19」の計算が簡単にできる数を入れよう！**

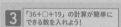

どうしてその数にしたのか？

36 + 1 + 19
36 + 4 + 19
36 + 5 + 19
36 + 0 + 19

この数だったらどうして簡単なのかな？

なるほどね。その数にした気持ちが分かる

「36＋□＋19」の□の中に、この数だったら簡単に計算できると思う数を書き入れさせると、上のような数を入れている。

**4 どうしてその数にしたのかな？**

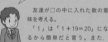

友達が□の中に入れた数の意味を考える。
「1」は「1＋19＝20」になるから簡単だと言う。また、「4」の場合は「36＋4＝40」になるから簡単で、どちらも足すと一の位が0になる数にしていることが分かってくる。さらに「5」の場合は、これを4と1に分けて、「36＋4＝40」と「1＋19＝20」にしていることも理解される。

**まとめ**

たし算は足す順番を変えても答えは変わらないこと、そして、3口のたし算の場合に右側から先に計算しても左側から計算しても答えは変わらないことを確かめる。また、3口のたし算で先に計算することを表す記号に（ ）があることを教える。

36 + （ 1 + 19） = 56
(36 + 4) + 19 = 59
36 + 5 + 19 = (36 + 4) + (1 + 19) = 60

おはじきは全部で何個あるのかな？
048

第11時
049

# 各巻1本の授業動画付

1年（上）**中田 寿幸** 「とけい」第2時

2年（上）**山本 良和** 「たし算」第11時

3年（上）**夏坂 哲志** 「わり算」第10時

4年（上）**大野 桂** 「倍の見方」第1時

5年（上）**盛山 隆雄** 「小数のわり算」第1時

6年（上）**尾﨑 正彦** 「対称な図形」第1時
関西大学 初等部 教諭